Joachim-Friedrich Kapp

»Ich wage und unternehme
das Unmögliche«

Joachim-Friedrich Kapp

»Ich wage und unternehme das Unmögliche«

Friedrich II. – Sein Leben, seine Briefe

Mit 41 Abbildungen

Herbig

Ein Wort zu Zitierweise und Quellenachweis: Da Friedrich fast ausschließlich auf Französisch schrieb, sind die hier wiedergegebenen Zitate Übersetzungen aus verschiedenen Zeiten und Ausgaben seiner Werke. Alle Zitate wurden in die neue deutsche Rechtschreibung übertragen.

Die Anmerkungsziffern beziehen sich auf die im Literaturnachweis entsprechend nummerierten Werke. Auf eine detaillierte Aufschlüsselung mit Seitenverweisen wurde verzichtet.

Besuchen Sie uns im Internet unter
www.herbig-verlag.de

Umschlaggestaltung: Wolfgang Heinzel
Umschlagmotive: Bildarchiv Preußischer Kulturbesitz, Berlin /
akg-images, Berlin
Herstellung und Satz: Ina Hesse
Lektorat: Freia Weidermann
Übersichtskarte: Kartografie & Grafik Eckehard Radehose, Schliersee
Gesetzt aus: 10,6/14 pt. Garamond BQ
Druck und Binden: GGP Media GmbH, Pößneck
Printed in Germany
ISBN 978-3-7766-2683-4

Inhaltsverzeichnis

Vorwort

F riedrichs Schicksal lässt niemanden unberührt. Zweimal – in seiner Jugend und dann während des Siebenjährigen Krieges – durchlebte er existenzielle Krisen und wurde durch sein Lebenswerk doch eine der am meisten bewunderten, aber auch am häufigsten missdeuteten Personen der Geschichte. Friedrich II. war erst 28 Jahre alt, als er 1740 Thronfolger wurde und Verantwortung für den preußischen Staat übernahm. Nie zuvor und auch nicht danach bekam das Land einen bedeutenderen, ja genialeren König. Wie sein Vater war auch Friedrich II. als Regent überaus diszipliniert und ein sparsamer König. Doch anders als der Vater war er musisch sehr talentiert und korrespondierte mit Philosophen und Wissenschaftlern. Er war ein großer Bauherr, der Potsdam und Berlin mit bedeutenden Bauten prägte. Und er war ein außergewöhnlich begabter Feldherr. Seine größte Leistung jedoch war die Standhaftigkeit und Härte gegen sich selbst, mit der er seine Kriege focht und selbst während des Siebenjährigen Krieges (1756–1763) ausdauernd im Feld bei seinem Heer blieb.

Er verstand sich dabei immer als der »erste Diener seines Landes«. Oft sah man ihn und pauschal auch das Land Preußen jedoch in einem anderen Licht. Als Preußen nach dem Ende des Zweiten Weltkrieges von den alliierten Mächten aufgelöst wurde, geschah dies unter dem Vorwurf, dass Preußen

»seit jeher«[5] militaristisch gewesen sei. Dass dieser Vorwurf so nicht begründet ist, wird am Leben und Wirken Friedrichs des Großen deutlich, dem insbesondere – ungerechtfertigter Weise – Kriegslüsternheit vorgeworfen worden ist. Friedrichs außenpolitischer kriegerischer Ehrgeiz hat sich stets ausschließlich auf Schlesien gerichtet. Er sah es als unabdingbar an, diesen einen militärischen Schritt zu tun, denn Preußen musste Großmacht werden, wollte es im europäischen Konzert der Mächtigen nicht untergehen. Drei Regenten vor Friedrich dem Großen, sein Urgroßvater, Großvater und Vater, trugen auf ihre Weise dazu bei, dass Preußen Großmacht werden konnte.

Deutschland wurde dann unter Bismarck von Preußen aus, das erst durch Friedrich II. politisch relevant geworden war, geeint. Doch Friedrich selbst hat an einen deutschen Nationalstaat nie gedacht.

Aus unzähligen Briefen an seine Geschwister, Freunde, Wissenschaftler und Generäle und aus seinen umfangreichen Abhandlungen wird deutlich, wie Friedrich seine diplomatischen Anstrengungen, den Frieden in Europa zu erhalten, bewertete, zu welchen Kriegen er sich gezwungen sah, was das Leben im Feld für ihn bedeutete. So zeigt sich das Bild eines vorausschauenden Herrschers, philosophischen Königs und einfühlsamen Familienmenschen.

Täglich bekomme ich Schläge

Nach dem 30-jährigen Krieg herrschte unter dem Großen Kurfürsten Friedrich Wilhelm (1620–1688, Kurfürst von 1640–1688) eine Zeit relativen Friedens in Brandenburg und Preußen. Sein Sohn, Kurfürst Friedrich III. (1657–1713, Regent von 1688–1713), rang dem Kaiser des Heiligen Römischen Reichs Deutscher Nation schließlich 1701 die Königskrone ab, denn der Wiener Hof hatte es als eine Notwendigkeit angesehen, sich der Brandenburger Unterstützung in den Auseinandersetzungen um die spanische Erbfolge zu versichern, und war dafür bereit, Friedrich die Königswürde zuzugestehen.

Im letzten Lebensjahr seines Großvaters, König Friedrich I., wurde der spätere König Friedrich II. am 24. Januar 1712 im Berliner Stadtschloss geboren. Seine Mutter Sophie Dorothea war 25 Jahre, sein Vater, Friedrich Wilhelm, 24 Jahre alt.

Friedrich war das vierte Kind dieser Ehe. Vor ihm waren zwei Brüder geboren worden (1707 bzw. 1710), die jedoch beide in ihrem ersten Lebensjahr verstarben. Seine Schwester Friederike Sophie Wilhelmine (1709–1758), zu der er später eine sehr innige geschwisterliche Beziehung hatte, war zweieinhalb Jahre älter als er.

Friedrich hatte noch weitere Geschwister: Friederike Luise (1714–1784), Markgräfin von Ansbach, Philippine Charlotte (1716–1801), Herzogin von Braunschweig, Sophie Dorothea

Marie (1719–1765), Markgräfin von Schwedt, Luise Ulrike (1720–1782), Königin von Schweden, August Wilhelm (1722–1758), Anna Amalie (1723–1787), Äbtissin von Quedlinburg, Friedrich Heinrich Ludwig (1726–1802) und August Ferdinand (1730–1813). Von seinen Brüdern schätzte er nur Heinrich, auch wenn die Beziehung zu ihm stets konfliktreich war.

Aufwachsen konnten Friedrich und seine Geschwister in einer Zeit des Friedens. Während der Regierungszeit seines Vaters, Friedrich Wilhelms I. (1688–1740, König ab 1713), genannt »der Soldatenkönig«, war Preußen nur kurz am Großen Nordischen Krieg beteiligt, wodurch dem Land im *Frieden von Stockholm* (1720) Vorpommern, Stettin und die Inseln Usedom und Wollin zufielen.

*2 Friedrich und
seine Brüder
August Wilhelm,
Heinrich und
Ferdinand
(auf Friedrich
zeigend)*

Das Heer wuchs unter Friedrich Wilhelm I. allerdings von
38000 auf 83000 Soldaten, das waren etwa 30 Prozent der
preußischen Bevölkerung. Keine Armee in einem anderen
Land war durch ständiges Exerzieren besser ausgebildet, dis-
ziplinierter und schneller als die preußische. Friedrich Wilhelm I. setzte sie jedoch nie ein, um territoriale Interessen
Preußens geltend zu machen.

Friedrich Wilhelm I. (1688–1740, König ab 1713) gab dem Kö-
nigreich Struktur, innere Organisation, ein starkes Heer und
eine solide finanzielle Basis. Er verfügte eine Heeres-, Finanz-
und Verwaltungsreform und schuf damit Voraussetzungen,
ohne die sein Sohn Friedrich II. niemals in der Lage gewesen
wäre, Preußen in eine Großmacht zu verwandeln.

Friedrich wurde, wie es damals üblich war, zunächst von Hofdamen aufgezogen, wobei der liebenswürdigen Marthe de Rocoulles, einer Hugenottin, die ausschließlich Französisch sprach, wegen ihrer Fürsorge für den kleinen Kronprinzen eine wichtige Rolle zufiel. Sie hatte ein besonderes Vertrauensverhältnis zu Friedrichs Vater, da sie bereits dessen Gouvernante gewesen war.

Als Kleinkind erfuhr Friedrich viel Zuneigung von seinem Vater, der gelegentlich mit seinem Sohn spielte, aber auch genaue Vorgaben für die Erziehung des Kronprinzen formulierte. Dabei spielte die militärische Ausbildung schon sehr früh eine große Rolle. So wurde zur soldatischen Übung des Kronprinzen im Jahr 1717 – er war gerade einmal fünf Jahre alt – eine Kadettenkompanie aus 130 Kindern zusammengestellt, die Friedrich unter der Anleitung des Grafen Albrecht Konrad Finck von Finckenstein kommandierte und in der er das Exerzieren und den Umgang mit Waffen lernte. Glücklich schreibt Friedrich an seinen Vater:

»Mein allerliebster Papa, ich danke untertänigst, dass Sie einen Offizier von so großen Meriten, als den Major Finck, zum Oberst-Lieutenant bei meinem Regiment gegeben haben, werde auch allezeit suchen, meinen allerliebsten Papa in allem zu kontentieren, weilen mir wohl bewusst, dass all mein Glück in dieser Welt von Dero Gnade dependieret; wollte auch suchen, meine untertänigste Devotion auf alle Weise zu attestieren, wenn ich nur das Glück hätte, Ihnen zu Wusterhausen aufzuwarten, der ich Zeit meines Lebens verharre meines allerliebsten Papas untertänigster Sohn und Diener, Friderich«[3]

Auf diese Weise von klein auf gedrillt, konnte er bereits im Alter von zwölf Jahren ein Heer exerzieren und war mit dem Kriegswesen sowie allen Waffen im Detail vertraut. Im

Alter von 14 Jahren wurde Friedrich Hauptmann, als 15-jäh-
riger Major und als 17-jähriger Oberstleutnant.
Als der Kronprinz sieben Jahre alt wurde, ging die schulische
Erziehung und die Ausbildung der Persönlichkeit von den
Hofdamen auf Generalleutnant Graf von Finckenstein und
Oberst Christoph Wilhelm von Kalkstein über. Auch hier
machte der König genaue Vorgaben: Stolz und Hochmut,
sollten sie sich zeigen, müssten bekämpft, sein Charakter
sollte gegen Schmeicheleien unempfänglich gemacht werden, Demut, Sparsamkeit, Ordnung, Fleiß und Pünktlich-
keit waren zu fördern. Deutsch und Französisch musste
Friedrich beherrschen, Latein jedoch war verboten.
Wenn Friedrich Wilhelm I. auch allem Geistigen nicht zuge-

13

neigt war, ja ihm fast ablehnend gegenüberstand, so befürwortete er doch zunächst die musikalische Ausbildung Friedrichs. Dass Friedrich Querflöte spielen wollte, sah der Vater allerdings mit Unbehagen, sodass die Flötenstunden bei Johann Joachim Quantz vor dem König geheim gehalten werden mussten.

Sein Lehrer Jacques Egide Duhan de Jandun hatte durch die Unterrichtung Friedrichs in Geschichte und Philosophie großen Einfluss auf die Bildung und das selbstständige Denken des begabten jungen Mannes. Friedrich wurde vertraut mit den Werken Platons, Aristoteles', Marc Aurels und vielen anderen Philosophen und durch diese geprägt.

So entwickelte der Kronprinz seine eigene Gedankenwelt und suchte nach einer entsprechenden Lebensart, worauf der Vater unglücklicherweise nur mit Strenge antwortete. Friedrich seinerseits empfand das gesellige Leben des Vaters im Tabakskollegium und bei den einfachen Landaufenthalten und Jagdvergnügungen als abstoßend und lächerlich. So entstand über die Jahre eine zunehmende Distanz zwischen Vater und Sohn.

Nicht nur missfiel Friedrich Wilhelm I. die persönliche Entwicklung seines Sohnes, auch die Freundschaften Friedrichs mit seinem Pagen James Keith und dem acht Jahre älteren Leutnant Hans Hermann von Katte wurden vom Vater misstrauisch beobachtet. Zunehmend drangsalierte der König seinen Sohn, ließ seinem grenzenlosen Jähzorn freien Lauf, schlug den Kronprinzen und forderte ihn sogar zum Thronverzicht zugunsten seines jüngeren Bruders August Wilhelm auf. Um Friedrich zu provozieren, betonte er mehrmals, er selbst hätte, wenn er so behandelt worden wäre, schon längst das Land verlassen.

Das Zerwürfnis zwischen Vater und Sohn wurde immer tiefgreifender. Am 11. September 1728 versuchte Friedrich noch einmal, seinen Vater mit einem Brief umzustimmen:

»(…) hätte ich aber wider mein Wissen und Willen getan, das meinen lieben Papa verdrossen habe, so bitte ich hiermit untertänigst um Vergebung, und hoffe, dass mein lieber Papa den grausamen Hass, den ich aus allem seinem Tun genug habe wahrnehmen können, werde fahren lassen.«[3]

Der Vater antwortete postwendend:

»Es ist Sein eigensinniger böser Kopf, der nicht seinen Vater liebet; denn wenn man nun alles tut, absonderlich seinen Vater liebet, so tut man, was er haben will, nicht wenn er dabei steht, sondern wenn er nicht alles sieht. Zum andern weiß er wohl, dass ich keinen effeminierten [verweichlichten] *Kerl leiden kann, der keine menschliche Inklinationen hat, der sich schämt, nicht reiten noch schießen kann, und dabei malpropre* [ungepflegt] *an seinem Leibe, seine Haare wie ein Narr sich frisieret und nicht verschneidet, und ich alles dieses tausendmal reprimandiert* [eingefordert]*, aber alles umsonst und keine Besserung in nichts ist. Zum andern hoffärtig, recht bauernstolz ist, (…) und mit dem Gesicht Grimassen macht, als wenn er ein Narr wäre, und nichts nach meinem Willen tut (…).«[3]*

Der Briefwechsel führte erwartungsgemäß zu keiner Änderung in der Beziehung zwischen Vater und Sohn, die sich weiter verschlechterte und für Friedrich kaum mehr auszuhalten war. Wie er misshandelt wurde, schilderte Friedrich anschaulich seiner Schwester Wilhelmine. Diese zitiert ihren Bruder:

»Täglich bekomme ich Schläge, werde behandelt wie ein Sklave und habe nicht die mindeste Erholung. Man verbietet mir das Lesen, die

15

Musik, die Wissenschaften, ich darf fast mit niemand mehr sprechen, bin beständig in Lebensgefahr, von lauter Aufpassern umgeben, mir fehlt es selbst an der nötigen Kleidung, noch mehr an jedem andern Bedürfnis, und was mich endlich ganz überwältigt hat, ist der letzte Auftritt, den ich in Potsdam mit dem König hatte. Er lässt mich des Morgens rufen; sowie ich eintrete, fasst er mich bei den Haaren, wirft mich zu Boden, und nachdem er seine starken Fäuste auf meiner Brust und meinem ganzen Leibe erprobt hatte, schleppt er mich an das Fenster und legt mir den Vorhangstrang um den Hals. Glücklicherweise hatte ich Zeit gehabt, mich aufzuraffen und seine beiden Hände zu fassen; da er aber den Vorhangstrang aus allen Kräften zuzog, und ich mich erdrosseln fühlte, rief ich endlich um Hilfe. Ein Kammerdiener eilte herbei und befreite mich mit Gewalt aus des Königs Händen. Sage nun selbst, ob mir ein anderes Mittel übrig bleibt als die Flucht? Katte und Keith sind bereit, mir bis ans Ende der Welt zu folgen; ich habe Pässe und Wechsel und habe alles so gut eingerichtet, dass ich nicht die geringste Gefahr laufe. Ich entfliehe nach England; dort empfängt man mich mit offenen Armen, und ich habe von des Königs Zorn nichts mehr zu fürchten. Der Königin vertraue ich von allem diesem nichts, – weil sie, wenn der Fall eintritt, imstande sein soll, einen Schwur abzulegen, dass sie nichts von der Sache gewusst hat. Sobald der König wieder eine Reise außer seinen Staaten macht – denn es gibt mir viel mehr Sicherheit –, ist alles zur Ausführung bereit.«[8]

Doch Friedrich irrte: Weder war alles gut und vor allem verschwiegen vorbereitet, noch war England bereit, ihn aufzunehmen.

Verzeih mir, mein teurer Katte

Wie Friedrich in seinem Brief an Wilhelmine angekündigt hatte, versuchte er im Jahr 1730 tatsächlich, der Einflusssphäre seines Vaters zu entkommen, und plante, die Flucht nach England auf einer der kommenden Reisen, die er mit dem König unternahm, umzusetzen.

Den ersten Versuch machte er bei einem Besuch mit seinem Vater in Sachsen, wo er einen Minister des Kurfürsten durch Katte bitten ließ, Pferde für zwei Offiziere, die inkognito nach Leipzig reisen wollten, bereitzustellen. Der Minister, dem die Sache verdächtig vorkam, informierte August den Starken, der daraufhin von Friedrich verlangte, keinesfalls während seines Aufenthaltes in Sachsen zu fliehen. Zudem erhielt Friedrich auf seinen Brief, den er noch aus Sachsen an den englischen König mit der Bitte um Aufnahme und Schutz richtete, eine abschlägige Antwort.

Auf einer weiteren Reise im Gefolge des Königs nach Süddeutschland machte man Station in Ansbach, wo Friederike, eine Schwester Friedrichs, mit dem dortigen Markgrafen verheiratet war. Friedrich bat seinen Schwager um ein Pferd, das dieser ihm jedoch verweigerte, da er bereits Gerüchte von den Fluchtplänen gehört hatte. Der König, inzwischen ebenfalls in Kenntnis von den Fluchtabsichten seines Sohnes, ließ ihn durch zwei Offiziere beaufsichtigen.

4 Kronprinz
Friedrich

Friedrich blieb bei seinem Vorhaben und versuchte, im Juli
1730 auf einer weiteren Station, Steinfurth, in der Nacht zu
entkommen. Der Kammerdiener, der ihn wecken sollte, informierte stattdessen einen der Offiziere, die in derselben
Scheune übernachteten. Friedrich wurde an der Flucht gehindert, der König benachrichtigt, der jedoch vor einem Einschreiten zunächst Beweise in der Hand haben wollte.
Friedrich war so unvorsichtig gewesen, einen Brief an seinen
Freund Katte, in dem er genaue Anweisungen über den Ab-
lauf der Flucht und den Treffpunkt im Haag machte, so un-
deutlich zu adressieren, dass der Brief nicht Katte in Berlin,
sondern einen Vetter Kattes in Erlangen erreichte. Dieser sah
sich verpflichtet, den Brief dem König zu überstellen, worauf
Friedrich Wilhelm I., das entscheidende Beweisstück in der
Hand, den Kronprinzen festsetzen ließ.

Mit unbändigem Zorn schlug der König mit dem Stock auf seinen Sohn ein. »Nie hat ein brandenburgisches Gesicht solche Schmach erlitten«[11], war Friedrichs bitterer Kommentar. Auch auf der Rückreise nach Berlin kam es zu weiteren höchst unwürdigen Auseinandersetzungen zwischen Vater und Sohn, wobei die anwesenden Offiziere durch ihr Einschreiten den König mehrmals daran hindern mussten, den Kronprinzen mit seinem Degen zu töten.

Friedrich hatte zunächst gehofft, Katte habe sich in Sicherheit bringen können. Dieser aber war zurück in Berlin und machte keinen Versuch zu fliehen, obwohl diejenigen, die den Haftbefehl gegen den Leutnant auszuführen hatten, so lange zögerten, Katte festzusetzen, bis sie hoffen durften, dass er die Stadt verlassen und sich in Sicherheit gebracht

5 König Friedrich Wilhelm I., Friedrichs Vater

19

habe. Sie waren entsetzt, ihn beim Betreten seines Hauses dort anzutreffen, und mussten ihn verhaften. Keith, dem Friedrich die Nachricht über die Entdeckung der Flucht hatte zukommen lassen, konnte sich über die holländische Grenze und von dort nach England (und später nach Portugal) retten.

Was Friedrich Flucht nannte, wurde von seinem Vater als Desertion gewertet. Darauf stand nach geltendem Gesetz die Todesstrafe. Man brachte Friedrich nach Küstrin und hielt ihn dort in der Festung wie in einem Gefängnis.

Der König setzte im September die europäischen Höfe über die versuchte Flucht und die zu erwartenden Vergeltungsmaßnahmen schriftlich in Kenntnis. Von dort, besonders aus Wien, war man bemüht, mäßigenden Einfluss zu nehmen. Die Generäle des Königs wiesen darauf hin, dass nur der Kaiser über Leben oder Tod des Kronprinzen entscheiden könne. Kattes Großvater, der verdiente Generalfeldmarschall Alexander Hermann Graf von Wartensleben, bat um Gnade für seinen 26-jährigen Enkel, wovon sich der König jedoch in keiner Weise beeinflussen ließ. Er verurteilte Friedrich eigenhändig zu lebenslanger Haft und befahl die Hinrichtung Kattes durch das Schwert.

Friedrich versuchte vergeblich, dem König mit seinem Verzicht auf den Thron die Begnadigung Kattes abzuringen. Katte wurde vor den Augen Friedrichs enthauptet, der bei diesem Anblick in Ohnmacht fiel. »Verzeih mir, mein teurer Katte«[11], hatte er seinem Freund noch zugerufen.

Die Hecken in Remusberg

Ob aus Überzeugung oder nur, um einen unbedingt erforderlichen Friedenszustand mit dem König herbeizuführen, bleibt unklar; jedenfalls bemühte sich Friedrich während seines Aufenthalts in Küstrin mithilfe von Personen, die Zugang zum König und dessen Vertrauen hatten, um eine Versöhnung mit Friedrich Wilhelm I. Er sah ein, dass er sich dem despotischen Vater vollständig unterwerfen musste, und resignierte. Schließlich bat Friedrich den Vater um Verzeihung und beteuerte seine Wandlung. Er wurde begnadigt. Diese in ganz Europa bekannten Vorkommnisse am preußischen Hof müssen auf Friedrich die tiefste Wirkung und einen starken Einfluss auf die weitere Ausformung seines Charakters gehabt haben. Schon vor 1730 berichteten Diplomaten von seiner Spottlust, Überheblichkeit und Verstellungskunst, die es ihm erlaubten, zu lügen mit dem Anschein, die Wahrheit zu sagen. Jetzt aber prägten sich Zynismus und arroganter Hochmut aus bis hin zur Menschenverachtung. Es war Friedrich nicht möglich zu vergessen, dass der Vater den besten Freund hatte hinrichten lassen und dass er selbst durch seine leichtfertige Fluchtplanung die Schuld daran trug. Er wusste, dass die ganze Welt von dem Zerwürfnis zwischen ihm und dem König sprach und Friedrich Wilhelm I. seinen Sohn abschätzig einen »Querpfeifer und Poeten« nannte.

Die ausgestandenen Ängste blieben lebenslang in Friedrichs Gedächtnis und kehrten in Zeiten übergroßer psychischer Belastung – wie im Siebenjährigen Krieg – häufig in Traumbildern zurück. Henri de Catt berichtet in seinem Tagebuch, der König habe wiederholt geträumt, dass sein Vater mit sechs Soldaten in seinem Zimmer erschienen sei und ihnen befohlen habe, ihn gefesselt auf die Festung Magdeburg zu bringen. Im Traum fragte Friedrich seine Schwester Wilhelmine, warum dies geschehen sollte, und erhielt die Antwort: »Weil Sie Ihren Vater nicht genug geliebt haben.« Friedrich wollte sich rechtfertigen, aber man brachte ihn im Wagen fort. Er erwachte schweißgebadet, versuchte aber, diesen Träumen keine weitere Bedeutung zu geben. »Welche absonderlichen Gedanken, welche wirren Bilder tauchen empor während des Schlummers der Vernunft.«[10]

Nach der Versöhnung zwischen Vater und Sohn wurde Friedrich systematisch auf die Thronfolge vorbereitet. Dieses Vorhaben wurde auch durch ein Versprechen des Königs, das er seiner Tochter Wilhelmine gegeben hatte, unterstützt. Wilhelmine als engste Vertraute Friedrichs hatte dem König die Zusage abgewrungen, Friedrich unmittelbar nach ihrer Hochzeit mit dem Erbprinzen von Bayreuth wieder vollständig zu rehabilitieren. Die Hochzeit fand am 20. November 1731 statt. Auf Bitten hoher Offiziere, angeführt von Fürst Leopold I. von Anhalt-Dessau, erlaubte der König zu diesem Zeitpunkt auch die Wiederaufnahme des Kronprinzen in die Armee.

Dennoch sah sich Friedrich einer neuen Zumutung durch seinen Vater ausgesetzt, der darauf bestand – wiederum auf Druck aus Wien –, dass Friedrich die Prinzessin Elisabeth Christine von Braunschweig-Bevern, eine Nichte der Kaiserin, heiratete und nicht die vom Kronprinzen bevorzugte

Prinzessin Katharina von Mecklenburg, Nichte der Kaiserin Anna von Russland. Friedrich tat alles, um die Vermählung mit Elisabeth Christine zu verhindern. Lieber wolle er sterben, als gegen seinen Willen verheiratet zu werden, teilte er seinem Vertrauten Friedrich Wilhelm von Grumbkow mit. Schließlich fügte sich Friedrich doch dem Willen des Vaters und wurde am 12. Juni 1733 im Schloss Salzdahlum mit Elisabeth Christine getraut. Nach seiner Thronbesteigung ließ er die Königin im Schloss Niederschönhausen im Nordosten von Berlin wohnen, kümmerte sich zwar trotz dieser räumlichen Trennung stets um ihr Wohlbefinden, sah sie auch bei Festen und großen Feiertagen, lud sie aber nie nach Potsdam ein. Elisabeth Christine hingegen liebte und verehrte Friedrich und blieb ihm zeitlebens zugetan.

Friedrich setzte sich bereits in dieser Zeit mit den großen politischen Zielen auseinander, die er als König verfolgen wür-

6 Die Hochzeit von Kronprinz Friedrich und Elisabeth Christine von Braunschweig-Bevern

de, wie aus einem Brief an den Kammerjunker Karl Dubislav von Natzmer im Februar 1731 deutlich wird:

>*Das erste System ist die Erhaltung des europäischen Friedens. Demgemäß muss der König von Preußen sich die größte Mühe geben, mit allen Nachbarn in gutem Einvernehmen zu leben.*<

Diese Aussage hinderte Friedrich nicht daran, an Eroberungen zu denken, um Preußen territorial zu konsolidieren.

>*Das andere System (…) ist die fortschreitende Vergrößerung des Staates. Ich habe schon gesagt, dass der preußische Länderbesitz sehr zerstückelt ist. Da kommt es denn bei allen Plänen, die man entwirft, vor allem darauf an, einen engeren Zusammenhang zwischen den Landesteilen herzustellen oder die losgerissenen Stücke, die eigentlich zum preußischen Besitz gehören, ihm wiederanzugliedern.*<

Friedrich führte im Folgenden aus, welche an Preußen angliedernden Länder er zu erobern gedachte: Polnisch Preußen, Hinterpommern, Schwedisch Pommern. Auch Jülich und Berg müssten *durchaus erworben werden*<. Er schloss:

>*(…) so könnte der König von Preußen unter den Großen der Welt eine gute Figur machen und eine bedeutende Rolle spielen, wenn er einzig und allein aus Gerechtigkeitssinn und nicht aus Furcht den Frieden aufrechterhielte, und wenn er, sobald die Ehre des Hauses und des Landes es verlangte, mit Nachdruck Krieg führen könnte.*<[2]

Aus Anlass seiner Vermählung hatte ihm der König Schloss Rheinsberg geschenkt, von Friedrich meist Remusberg genannt. Die Jahre bis 1740 waren wohl die glücklichsten und unbeschwertesten des Kronprinzen. In Rheinsberg konnte

7 *Kahnpartie auf dem Grienericksee am Schloss in Rheinsberg*

Friedrich ganz nach seinen Vorstellungen leben. Er versammelte Freunde um sich, die seine künstlerischen und philosophischen Neigungen teilten, und ließ das Schloss erweitern. Die Bauarbeiten zur Vergrößerung wurden von Hans Georg von Knobelsdorff geleitet, die Wand- und Deckenmalereien von Antoine Pesne vorgenommen.

Friedrich nutzte die Zeit, um sich durch intensives Studium der Literatur eine umfassende Bildung anzueignen und sich auf seine Zeit als König vorzubereiten. Er nahm sich Platon *(Der Staat)* und Marc Aurel *(Selbstbetrachtungen)* zum Vorbild, bei denen das Ideal des »Philosophenkönigs« vertreten wird. Dieser sollte nach einer langen Zeit der Erziehung und Ausbildung schließlich befähigt sein, den Staat zu lenken. Friedrich unterschrieb schon früh manche Briefe mit »Frédéric le Philosophe« und nannte sich später »den Philosophen«.

Der Kronprinz studierte wichtige Werke der Geschichte und der Theologie und las die Texte von Christian Wolff, einem Philosophen der Aufklärung und Mathematiker, der zu die-

25

ser Zeit mit seinem Buch *Vernünftige Gedanken von Gott, der Welt und der Seele des Menschen, auch allen Dingen überhaupt* eine breite Leserschaft fand.

Eine besonders enge Beziehung entstand zu Voltaire, mit dem Friedrich in regem Austausch stand, nachdem er ihm im Jahr 1736 zum ersten Mal geschrieben hatte. »Habe ich auch nicht das Glück, Sie persönlich zu kennen, so sind Sie mir doch durch Ihre Werke bekannt«, so begann Friedrichs erster Brief an Voltaire am 8. August 1736.

»Ihre Gedichte besitzen große Vorzüge, die sie dem Studium und der Bewunderung aller Edelgesinnten empfehlen. Sie sind ein Lehrbuch der Moral, durch das man denken und handeln lernt. Sie schmücken die Tugenden mit leuchtenden Farben (…).«[3]

Voltaire antwortete:

»(…) aber die Liebe zum Menschengeschlecht (…) schenkte mir eine tausendfach reinere Freude, als ich erkannte, dass es auf der Welt einen Prinzen gibt, der als Mensch denkt, einen Fürsten-Philosophen, der die Menschen beglücken wird.«[13]

Friedrich schätzte an Voltaire dessen aufgeklärtes Denken, Voltaire bewunderte an Friedrich die offensichtliche Begeisterung für seine Schriften. Der Briefwechsel hielt über 42 Jahre an bis zum Tod Voltaires. Stets wurde eine breite Fülle von Themen darin behandelt.

Inzwischen übernahm Friedrich, wegen der Erkrankung seines Vaters häufiger nach Berlin und Potsdam gerufen, mehr und mehr Aufgaben des Königs. Vater und Sohn hatten sich nach 1732 mit Anstrengungen auf beiden Seiten einander angenähert und achteten darauf, die Beziehung weiter zu verbessern. Friedrich Wilhelm I. lernte den scharfen Intellekt und das sorgfältige Denken des Sohnes schätzen, Friedrich zeigte sich von manchen staatsmännischen Entscheidungen des Vaters beeindruckt. So war Friedrich auf einer gemeinsamen Reise nach Ostpreußen (Preußisch Litauen) 1739 voller Bewunderung für das dort Erreichte, worüber er Voltaire berichtete:

»Endlich sind wir hier angekommen, lieber Freund. Wir waren drei Wochen unterwegs, und zwar in einem Lande, das ich als das Nonplusultra der zivilisierten Welt halte. Es ist eine in Europa wenig bekannte Provinz, die freilich bekannter zu sein verdiente, da sie als eine Schöpfung des Königs, meines Vaters, angesehen werden kann. Die Provinz wurde im Anfang dieses Jahrhunderts von der Pest verheert; über 300 000 Einwohner raffte die Seuche und das Elend hin. (…) Zwölf bis 15 entvölkerte Städte und 400 bis 500 unbewohnte und verödete Dörfer boten seinen Augen einen trostlosen Anblick. Seitdem hat der König keine Ausgabe gescheut (…). Er erließ zunächst weise Reglements, baute alles, was die Pest zerstört hatte, wieder auf und ließ Tausende von Familien aus allen Ecken Europas kommen. Die Äcker wurden wieder bestellt, die Gegend bevölkerte sich, der Handel blühte wieder auf, und gegenwärtig herrscht in dieser fruchtbaren Gegend mehr Überfluss denn je. (…) Ich finde etwas so Heroisches in der hochherzigen und emsigen Art, wie der König diese Wüste besiedelt, sie fruchtbar und glücklich gemacht hat.«[3]

Das Gleichgewicht ist verloren

Die politischen Entwicklungen in Europa seit Beginn des 18. Jahrhunderts führten zu vielfältigen Machtverschiebungen, wobei vor allem die Länder Österreich, Spanien, England, Frankreich, Schweden, Russland und Sachsen/Polen zu erwähnen sind:
Nach dem Tod Karls II. (November 1700), des letzten Habsburger Königs in Spanien, erhoben sowohl Österreich als auch Frankreich Anspruch auf die Erbfolge (Ludwig XIV. war mit einer Schwester Karls II. verheiratet). Es kam zum Spanischen Erbfolgekrieg (1701–1714). Im Frieden von Utrecht, mit dem dieser Krieg beendet wurde, erhielt Philipp von Anjou (Philipp V.), ein Enkel Ludwigs XIV., Spanien. Die spanischen Nebenländer – die Niederlande, Belgien, Mailand, Neapel und Sardinien – fielen an Österreich, Gibraltar an England, Sizilien an den Herzog von Savoyen.
Erzherzog Karl aus dem Haus Habsburg, für den Spanien zunächst beansprucht worden war, wurde nach dem frühen Tode seines Bruders Joseph I. (1710) deutscher Kaiser (Karl VI.). Da weder Karl VI. noch sein Bruder Joseph I. männliche Nachkommen hatten, versuchte Karl im Jahr 1713, die Unterstützung der europäischen Länder für die Erbfolge seiner Tochter Maria Theresia zu erlangen, konnte dieses Anliegen jedoch nicht durch bindende Zusagen der Staaten absichern. Die *Pragmatische Sanktion* schrieb die

Unteilbarkeit der habsburgischen Erblande fest. Josephs Töchter hatten bei ihrer Heirat mit den Kurprinzen von Bayern beziehungsweise Sachsen zwar auf jeden Anspruch verzichtet, was die späteren Kurfürsten beider Länder und auch Philipp V. von Spanien jedoch in keiner Weise daran hinderte, dennoch Anspruch auf die Erblande und die Kaiserkrone zu erheben.

Georg I. von Hannover, Urenkel König Jakobs I. von England (1603–1625), wurde im Jahre 1714 König von England. Seine territorialen und militärischen Ziele lagen, außer für die Sicherheit Hannovers zu sorgen, nicht auf dem europäischen Kontinent, sondern in Amerika und Indien, wo er gegen Frankreich kämpfte. Frankreich war durch die Kriege des 1715 gestorbenen Ludwigs XIV. zwar finanziell geschwächt, sein Großmachtstatus blieb aber unangefochten.

Schweden wiederum verlor seine Großmachtstellung, da es als Folge des Großen Nordischen Krieges (1700–1721) seine Ostseeprovinzen an Russland abgeben musste. Russland erhielt damit Zugang zum Meer und war seitdem eine europäische Großmacht.

Polen war zum Spielball anderer Mächte geworden: Als August der Starke, Kurfürst von Sachsen und als August II. König von Polen, am 1. Februar 1733 starb und die Polen versuchten, Stanislaus Leszczynski als einen der ihren zum König zu wählen, stellten sich Österreich und Russland auf die Seite von Augusts Sohn, Friedrich August II., des neuen Kurfürsten von Sachsen, zumal dieser versprach, die *Pragmatische Sanktion* anzuerkennen und die Belehnung Kurlands durch einen Günstling Russlands zu gestatten.

Ludwig XV. von Frankreich beantwortete in der Folge die Vertreibung seines Schwiegervaters Leszczynski mit einer Kriegserklärung an Wien. Der Polnische Thronfolgekrieg (1733–

1735) begann, an dessen Ende Friedrich August als August III. König von Polen wurde und Wien in die Bedingung einwilligte, Leszczynski mit Lothringen zu entschädigen, das nach dessen Tod dann an Frankreich gehen sollte.

So stand es in Europa zu der Zeit, als Friedrich sich auf die Thronfolge vorbereitete: Wien war geschwächt, das Recht auf die Kaiserkrone wurde den Habsburgern streitig gemacht. Ansonsten zählten in Europa nur noch Frankreich, England und Russland als Großmächte, alle anderen Länder, wie Spanien, die Niederlande, Schweden, Polen, waren von diesen abhängig. England vertrat auf dem Kontinent nur die Interessen Hannovers. Preußen nahm eine Sonderstellung ein. Es war keine Großmacht, jedoch straff organisiert, mit großen finanziellen Mitteln und einem sehr starken Heer. In *Geschichte meiner Zeit* bedenkt Friedrich noch einmal die Ursachen für die Schwächung Habsburgs unter Karl VI.:

»(...) Man erstaunt mit Recht, das Ende von der Regierung Karls VI. so weit unter dem Glanze zu sehen, den sie bei ihrem Anfange hatte. Die Ursache aller Unfälle dieses Fürsten war der Verlust des Prinzen Eugen. Nach dem Tode dieses großen Mannes war keiner, der ihn ersetzen konnte. Der Staat hatte seine Kraft verloren und versank in Schwäche und Ohnmacht. Karl VI. erhielt von der Natur alle Anlagen zu einem guten Bürger, keine zu einem großen Manne. Er besaß Edelmut, aber ohne Unterscheidungskraft; keinen großen, noch durchdringenden Verstand; Fleiß, aber kein Genie, sodass er bei vielem Arbeiten wenig tat.«[24]

Zwei Schriften Friedrichs aus dieser Zeit sind bemerkenswert und wurden mit dem Ziel verfasst, sich selbst ein klareres Bild einerseits von den politischen Kräften und Dynamiken in Europa und andererseits von den Verpflichtungen eines

Herrschers im Konzert der Mächte und gegenüber seinem Volk zu machen. In der ersten Schrift aus dem Jahre 1738, *Betrachtungen über den gegenwärtigen Zustand Europas*[2], beschrieb er die strategischen und hegemonialen Ziele der europäischen Großmächte, besonders von Österreich und Frankreich, und deren Auswirkungen auf die anderen Staaten Europas.

In Hinblick auf die *Pragmatische Sanktion* schrieb er:

»Das alles zeigt, dass das Haus Österreich dem Reiche mit der Zeit das Wahlrecht nehmen, die willkürliche Macht seines Stammes befestigen und die demokratische Verfassung, die Deutschland seit Urzeiten gehabt hat [Friedrich bezieht sich auf die Goldene Bulle], *in eine monarchische verwandeln möchte.«*[2]

Der Versailler Hof, so vermutete Friedrich, habe den festen Grundsatz und die stete Absicht, sich zu vergrößern. Friedrich fürchtete daher ein Eingreifen Frankreichs in das europäische Gleichgewicht, zum Beispiel nach dem Tod des Kaisers:

»(…) Aus dem eben Gesagten ist leicht zu erkennen, dass die politische Lage Europas auf einem sehr kritischen Punkt angelangt ist. Das Gleichgewicht ist so gut wie verloren, und die Dinge können ohne große Gefahr nicht lange in diesem Zustande bleiben.«[2]

Das zweite Werk des Kronprinzen aus dem Jahr 1739 ist unter dem Namen *Antimachiavell*[2] bekannt geworden. Friedrich fasste Machiavellis Schrift *Der Fürst* als eine Lehre des Despotismus auf und setzte dagegen, dass nur Gerechtigkeit und Güte die Leitmotive eines Fürsten sein dürften. Der Fürst solle der erste Diener seines Volkes sein, die Wahrung des Rechtes und die Verteidigung des Staates seien seine ersten Pflichten. In der Auseinandersetzung mit den Thesen Machiavellis formulierte Friedrich seine eigenen Überzeugungen. Friedrich verurteilte dabei aber nicht alles, was Machiavelli geschrieben hatte.

Es ist häufig – vor allem im Zusammenhang mit den Angriffskriegen, die Friedrich führte – darauf hingewiesen worden, dass die hohen Ansprüche, die Friedrich in seinem *Antimachiavell* festhielt, von ihm selbst nicht eingehalten worden seien. Diese Kritik macht es sich zu einfach, denn im 26. Kapitel des Buches schrieb Friedrich:

»(...) *Auch Angriffskriege gibt's, die ihre Rechtfertigung in sich tragen, ebenso wie die eben besprochenen: Es sind dies die vorbeugenden Kriege, wie sie die Fürsten wohlweislich dann unternehmen, wenn die Riesenmacht der großen europäischen Staaten alle Schranken zu durchbrechen und die Welt zu verschlingen droht. Man sieht ein Unwetter sich zusammenziehen, allein vermag man's nicht zu beschwören, da vereinigt man sich mit allen den Mächten, die gemeinsame Gefahr zu Schicksalsgefährten macht. (...) Klugheit empfiehlt immer die Wahl des kleineren Übels und ein Handeln, solange man seines Handelns Herr ist. Besser also, zum Angriffskrieg schreiten, solange man noch zwischen Ölzweig und Lorbeer zu wählen hat, als bis zu dem Zeitpunkt warten, wo alles so verzweifelt steht, dass eine Kriegserklärung nur noch einen Aufschub der völligen Knechtung und des Untergangs um Augenblicke bedeutet. So quälend die Lage für manchen Fürsten ist, ihm bleibt nichts Besseres, als seine Kräfte zu gebrauchen, bevor ihm die feindlichen Maßnahmen die Hände binden und ihm die Freiheit zu handeln nehmen.*«[2]

Dies ist vor dem Hintergrund der Bedrohung, die Friedrich von den großen europäischen Ländern ausgehen sah, ein

8 Schloss Rheinsberg von der Gartenseite betrachtet

ganz deutlicher, ungeschminkter Hinweis darauf, dass er längst für sich entschieden hatte, bei passender Gelegenheit auch einen Präventivkrieg in Erwägung zu ziehen, um sein Land zu sichern und zu vergrößern. Man muss davon ausgehen, dass er zu dieser Zeit bereits Schlesien als Ziel für seine zukünftige Unternehmung ausgemacht hatte.

Aus seinen eigenen Äußerungen ist ohne Zweifel belegbar, dass Friedrich als Philosoph leben und handeln, Wissenschaft und Künste, auch den Handel fördern und seinem Volke durchaus der erste Diener sein wollte. Es ist aber ebenso zweifellos aus seinen Schriften ablesbar, dass er sich auf dem Boden seiner Erkenntnisse und Analysen der politischen Situation in Europa ein Bild gemacht hatte und zu dem Schluss gekommen war, dass Preußen, möglichst im Zusammenwirken mit anderen Ländern, eine Allianz gegen die

Übermacht der großen Staaten bilden müsse. Noch wichtiger aber war seine Erkenntnis, dass er bei einer passenden Gelegenheit sehr schnell handeln und dem von ihm erwarteten Losschlagen anderer Mächte zuvorkommen müsse.

Über diese sehr sachlichen Feststellungen hinaus kam ein stark ausgeprägter Drang nach Ruhm hinzu, auch nach Ruhm durch siegreich gefochtene Schlachten.

»Das wahre Verdienst eines guten Fürsten ist seine treue Hingabe an das allgemeine Wohl, die Liebe zum Vaterlande und zum Ruhme. Ja, zum Ruhme! Denn der glückliche Instinkt, der den Menschen drängt, sich einen Namen zu machen, treibt ihn in Wahrheit auch zu Heldentaten. Er ist die Kraft, welche die Seele aus ihrer Trägheit erweckt und sie zu nützlichen, notwendigen und edlen Taten begeistert.«[2]

Mein Schicksal hat sich gewandt

ls König Friedrich Wilhelm I. am 31. Mai 1740 starb, war Friedrich, der noch am selben Tage König wurde, 28 Jahre alt. Friedrich informierte seine Geschwister und schrieb an seine Frau:

»Madame, Gott hat an dem König nach seinem Willen getan: Heut Nachmittag um halb vier ist er gestorben. Er hat Ihrer noch gedacht, wir waren alle ehrlich zu Tränen gerührt. Sie glauben nicht, mit welcher Gefasstheit er verschieden ist. Kommen Sie doch bitte (...) nach Berlin. Knobelsdorff soll sich auf der Stelle dorthin begeben. Wir werden in unserem alten Hause wohnen. Gleich nach Ihrer Ankunft haben Sie zuerst der Königin Ihre Aufwartung zu machen; von da kommen Sie dann nach Charlottenburg, im Fall, dass ich dort bin. Zu weiterem habe ich jetzt keine Zeit. Leben Sie wohl.«[3]

Friedrich konnte nicht ahnen, dass sich die politische Konstellation in Europa noch im selben Jahr durch den Tod des Kaisers fundamental ändern und ihm die Möglichkeit eröffnen würde, seine Pläne, militärisch gegen Wien vorzugehen, Wirklichkeit werden zu lassen.

Kaiser Karl VI. starb am 20. Oktober in Wien. Die Nachricht traf am 25. Oktober in Berlin ein. Bereits am Tag darauf machte Friedrich gegenüber Voltaire deutlich, wohin seine Gedanken gingen:

9 *Königin Elisa-beth Christine, Ge-mahlin Friedrichs des Großen*

»(…) Dieser Tod durchkreuzt all meine Friedensgedanken, und ich glaube, ab Juni wird es eher um Schießpulver, Soldaten, Schützen-gräben als um Aktricen, Ballett und Theater gehen. (…) Ab jetzt wird es für Europa um wesentlich Folgenreicheres gehen; es geht nun-mehr um die totale Veränderung des alten politischen Systems.«[13]

An seinen Vertrauten Francesco Graf Algarotti schrieb er am 28. Oktober 1740: »Alles war vorhergesehen, alles be-stimmt. So gilt es denn nur, die Pläne auszuführen, die ich seit Langem im Kopfe gewälzt habe.«[3] Bereits am 29. Okto-ber wurde in einem Gespräch mit dem Feldmarschall Curt Christoph Graf von Schwerin Schlesien als Ziel einer terri-torialen Erweiterung Preußens genannt.

Friedrichs Außenminister Heinrich von Podewils war stets

10 Friedrich
und Voltaire
(1694–1778)
im Gespräch

zögerlich und darauf bedacht, Risiken zu vermeiden, sodass
Friedrich versuchte, ihn zu überzeugen:

»(...) *Eine Preisfrage für Sie: Wenn man sich im Vorteil befindet,
muss man sich das zunutze machen oder nicht? Ich bin mit meinen
Truppen und sonst allem bereit; bringe ich meinen Vorteil nicht zur
Geltung, so halte ich in meinen Händen ein Gut, dessen Nutzwert
ich verkenne; nehme ich ihn wahr, so wird's von mir heißen, ich
wüsste mich mit Geschick meiner Überlegenheit über meine Nachbarn zu bedienen.*«[3]

Im November 1740 kam Voltaire nach Rheinsberg. Friedrich
mag ihn bewusst eingeladen haben, um die Gegner von seinen eigentlichen Zielen abzulenken, denn er hatte längst be-

schlossen, Schlesien für Preußen zu gewinnen und noch in diesem Jahr dort einzumarschieren.

Trotz der intensiven gedanklichen Beschäftigung mit Vorbereitungen auf eine militärische Aktion gegen Schlesien, die er vollkommen geheim hielt (»Müsste ich glauben, dass mein Hemd oder meine Haut etwas von meinen Absichten wüssten, so würde ich sie mir herunterreißen.«[14]), nahm er sich die Zeit, mit Voltaire ausgiebig zu sprechen und ausgelassen zu feiern. Und doch war dies vor allem für die Wirkung nach außen bestimmt. Friedrich hatte die nächsten Schritte längst festgelegt, wobei ihm sein Wissen darum zugutekam, dass Österreich sowohl durch die vergangenen Kriege finanziell als auch in seiner Verteidigungskraft geschwächt war. Zudem war Prinz Eugen gestorben, ein Nachfolger von ähnlichem militärischem Genie konnte nicht gefunden werden.

Preußen dagegen besaß ein Heer von 180 000 Mann, zuverlässige Einkünfte und einen königlichen Schatz von neun Millionen Talern. Vor allem aber hatte Preußen einen König, der die politischen Kräfte in Europa einzuschätzen wusste, der den Willen hatte, sein Reich auf den gleichen Rang mit den großen Staaten Europas zu erheben, und der die dazu erforderliche Durchsetzungskraft und Ausdauer besaß. Friedrich war sich bewusst:

»Die Überlegenheit unserer Truppen, die Schnelligkeit, mit der wir sie in Bewegung setzen können, mit einem Wort: Der klare Vorteil, den wir über unsere Nachbarn haben, gibt uns in dieser unerwarteten Glückslage eine ungeheure Überlegenheit über alle anderen europäischen Mächte. Wenn wir warten, bis Sachsen und Bayern die Feindseligkeiten beginnen, können wir die Vergrößerung Sachsens, die völlig gegen unsere Interessen ist, nicht verhindern.«[14]

11 Vignette zu dem Gedicht des Königs »L'art de la guerre«

Tatsächlich wäre Schlesien für Sachsen ein unschätzbar wertvoller Zugewinn gewesen, es hätte Polen-Sachsen territorial in idealer Weise komplettiert. Dem musste Friedrich unbedingt zuvorkommen, ansonsten müssten alle Gedanken an eine preußische Großmacht Träume bleiben. Aber konnte Friedrich eine rechtliche Grundlage für einen Einmarsch in Schlesien geltend machen?

Dem Haus Brandenburg waren unter Friedrichs Vorfahren in Schlesien die Fürstentümer Jägerndorf, Liegnitz, Brieg und Wohlau erbrechtlich zugefallen. Unter dem Großen Kurfürsten Friedrich Wilhelm hatte Österreich, als es die Hilfe Brandenburgs gegen die Türken suchte, ein Abkommen geschlossen, durch das die vier Fürstentümer gegen den Kreis Schwiebus getauscht und Schwiebus Brandenburg zugeteilt werden sollte. Es kam aber gleichzeitig zu einem Geheimabkommen mit dem damaligen Kurprinzen, dem späteren Friedrich III. (ab 1701 König Friedrich I.), worin dieser versprach, Schwiebus nach seiner Thronbesteigung an Österreich zurückzugeben.

Zu diesem Schritt hatte er sich entschlossen, um sich damit die Nachfolge auf den preußischen Thron durch den Kaiser absichern zu lassen. Der damalige Kurprinz sah sich durch seinen Vater, den Großen Kurfürsten, und besonders durch dessen zweite Frau, seine Stiefmutter, verfolgt und war in Sorge, dass man ihm die Thronfolge streitig machen oder das Land aufteilen wollte. Daher suchte er auf diese Weise die Unterstützung des kaiserlichen Hofes.

Auf dieser etwas fragilen völkerrechtlichen Basis entschied König Friedrich II., territoriale Ansprüche geltend zu machen. Aber hatte nicht Österreich die Lage seines unsicheren, verängstigten Großvaters ausgenutzt, um Schwiebus an sich zu bringen?

Friedrich schrieb im Dezember 1740 in der *Darlegung der Gründe, aus denen der König in Schlesien eingerückt ist:*

»Dieser Verzicht [auf die vier Fürstentümer in Schlesien] *wäre gültig, hätte Kaiser Leopold I. den Kreis Schwiebus nicht mit schwärzester Treulosigkeit dem König Friedrich I. entrissen.«*[2]

In den *Denkwürdigkeiten* fasste Friedrich rückblickend zusammen:

»Das Herz blutete mir von all den Demütigungen, die man dem verstorbenen König [Friedrich Wilhelm I.] *in seinen letzten Regierungsjahren zugefügt hatte.* [Hier ist nicht nur die Weigerung Wiens gemeint, die Erbrechte Brandenburgs auf Jülich und Berg anzuerkennen.] *Europa hatte seinen Charakter erforscht, und man legte ihm den Wunsch, mit seinen Nachbarn in Frieden zu leben, als Schwäche aus.«*[2]

Friedrich analysierte sehr genau die Interessen Englands, Frankreichs, Hollands, Schwedens und Russlands und kam zu der Überzeugung, Schlesien noch vor dem Winter besetzen zu müssen. »Der Ehrgeiz, mein Vorteil, der Wunsch, mir einen Namen zu machen, gaben den Ausschlag, und der Krieg ward beschlossen.«[2]

Anfang Dezember 1740 schickte Friedrich einen Gesandten nach Wien, um seine Ansprüche auf Schlesien geltend zu machen, die prompt abgewiesen wurden. Friedrich war zur kriegerischen Auseinandersetzung bereit und versammelte seine Generäle, um sie über seine Pläne zu informieren:

»Meine Herren, ich unternehme einen Krieg, für den ich keine anderen Bundesgenossen habe als Ihre Tapferkeit und Ihren guten Willen. Meine Sache ist gerecht, und ich vertraue auf mein Glück. Bleiben Sie stets des Ruhmes eingedenk, den Ihre Vorfahren sich erwarben auf den Schlachtfeldern von Warschau, von Fehrbellin und auf dem Zuge nach Preußen. Ihr Schicksal ruht in Ihren eigenen Händen; Auszeichnungen und Belohnungen warten nur darauf, dass Sie sie durch glänzende Taten verdienen. Aber ich brauche Sie nicht erst zum Ruhme anzufeuern. Er allein steht Ihnen vor Augen, nur er ist das würdige Ziel Ihres Strebens. Wir werden Truppen angreifen, die unter dem Prinzen Eugen die Bewunderung der Welt errungen haben. Zwar ist dieser Prinz nicht mehr; aber unsere Siege werden darum nicht weniger ruhmvoll sein, da wir uns mit seinen braven Soldaten zu messen haben werden. Leben Sie wohl! Brechen Sie auf zum Rendezvous des Ruhmes, wohin ich Ihnen ungesäumt folgen werde.«[2]

Ich liebe den Krieg um des Ruhmes willen

Am 16. Dezember 1740 rückte Friedrich mit seinem Heer nach Schlesien vor, traf praktisch auf keinen Widerstand und zog am 3. Januar 1741 in Breslau ein. Andere Städte wie Glogau und Grünberg waren zuvor bereits gefallen und in preußischer Hand. Nur Neiße und Brieg verblieben noch bei Österreich. Auch aus dem Feld korrespondierte Friedrich regelmäßig:

»Mein lieber Voltaire, ich erhielt zwei Briefe von Ihnen, konnte sie aber nicht eher beantworten. (…) Seit 14 Tagen sind wir immerfort unterwegs, und zwar beim herrlichsten Wetter. Ich bin zu abgespannt, um Ihre reizenden Verse zu beantworten, und zu durchgefroren, um ihren Reiz voll auszukosten, aber das kommt wieder. Verlangen Sie keine Poesie von einem, der gegenwärtig den Fuhrmann spielt, manchmal sogar den im Schlamm festgefahrenen Fuhrmann. Wollen Sie wissen, wie ich lebe? Wir marschieren von 7 Uhr früh bis 4 Uhr nachmittags. Dann speise ich, arbeite, empfange langweilige Besuche, und schließlich kommt ein Wust von albernen Bagatellen. (…) Das ist meine Beschäftigung, die ich gern mit einer anderen vertauschte, wenn mir das Phantom, das man Ruhm nennt, nicht allzu oft erschiene. Wahrhaftig, es ist ein großer Wahnsinn, aber einer, von dem man schwerlich loskommt, wenn man einmal davon ergriffen ist (…).«[3]

Am 10. April 1741 bereiteten sich die preußischen Truppen auf eine Schlacht gegen die Österreicher vor, die sich in Mollwitz, nördlich von Neiße gelegen, gesammelt hatten. Die Schlacht bei Mollwitz blieb lange unentschieden, Feldmarschall Schwerin glaubte sie sogar bereits verloren und riet dem König dringend, sich in Sicherheit zu bringen, woraufhin dieser das Schlachtfeld fluchtartig zu Pferde verließ. Am Schluss aber ließen sich die Österreicher durch die Disziplin und Entschlossenheit des preußischen Heeres entmutigen und zogen sich zurück.

»Sie marschierten mit der größten Fassung und so schnurgerade, als wenn es auf dem Paradeplatz wäre«[15], schrieb ein österreichischer Offizier, der die Schlacht beobachtet hatte, *»das blanke Gewehr machte in der Sonne den schönsten Effekt, und das Feuer ging nicht anders als fortwährendes Donnerwetter. Unsere Armee ließ den Mut völlig sinken.«*

12 Parade auf dem Tempelhofer Feld. Hier wird vor allem der Vormarsch in einer Linie exerziert

Schwerin hatte die Schlacht schließlich zugunsten Preußens entschieden.

Nach gewonnener Schlacht setzte sich Friedrich kritisch mit den eigenen Fehlern und denen der Österreicher auseinander:

»Noch mehr Tadel verdient der König [Friedrich schrieb stets von sich in der dritten Person]. *Er erfuhr rechtzeitig von dem Vorhaben des Feindes und ergriff doch keine hinlängliche Maßregel, um sich dagegen zu sichern. (…) Als er vor Mollwitz ankam, wo der Feind kantonierte* [Lager bezogen hatte], *hätte er drauflos marschieren und die Österreicher in ihren Quartieren zersprengen müssen. Stattdessen verliert er zwei Stunden damit, sich regelrecht vor einem Dorfe in Schlachtordnung aufzustellen, wo kein Feind sich zeigte. Hätte er nur das Dorf Mollwitz angegriffen, so hätte er darin die ganze österreichische Infanterie gefangen genommen. (…) Aber in seinem Heere hatte allein der Feldmarschall Schwerin Verständnis und Kriegserfahrung.*
Bei den Truppen herrschte viel guter Wille, aber sie kannten nur den kleinen Dienst, und weil sie noch nie im Kriege gewesen waren, gingen sie nur zaghaft zu Werke und scheuten herzhafte Entschlüsse. Eigentlich rettete die Preußen nur ihre Tapferkeit und ihre Manneszucht. Mollwitz war die Schule für den König wie für seine Truppen. Der König dachte über alle von ihm begangenen Fehler reiflich nach und suchte sie künftig zu vermeiden.«[2]

Die österreichischen Truppen waren geschlagen, Truppen, die noch unter Prinz Eugen geschult worden waren. Dieser Erfolg verlieh Friedrich politisches Gewicht im Konzert der europäischen Mächte. Frankreich, England und Hannover entsandten Unterhändler in das Feldlager bei Mollwitz, um über neue Allianzen zu verhandeln.

Da Wien jedoch nicht bereit war, auf Preußens Forderungen einzugehen, kam es zu weiteren kleineren Gefechten, wobei Preußen durch eine Allianz mit Bayern und Frankreich militärische Unterstützung fand.

Ende Mai 1741 schlossen Bayern, Frankreich, Spanien, Schweden, Sachsen und Preußen die *Nymphenburger Verträge* und bildeten eine Allianz gegen Österreich im Österreichischen Erbfolgekrieg (1741–1748), der parallel zu den beiden Schlesischen Kriegen geführt wurde. Bayerische Truppen besetzten Passau am 31. Juli 1741, die Franzosen überquerten den Rhein und nahmen gemeinsam mit bayerischen Truppen Linz ein. Frankreich hatte das Ziel, das Heilige Römische Reich zu zerstückeln und unter den Bündnispartnern aufzuteilen.

Friedrich beteiligte sich nicht dauerhaft an dieser Allianz, da er an einem Zusammenbruch des Kaiserhauses, der mit einer Erstarkung der anderen Mächte einhergehen würde, nicht interessiert war. So kam es am 9. Oktober unter Vermittlung Englands zu einer geheimen Vereinbarung zwischen Österreich und Preußen, wonach Niederschlesien in preußischem Besitz verbleiben sollte und in der Friedrich sich verpflichtete, weder Österreich noch Hannover anzugreifen.

Der bayerische Kurfürst Karl Albrecht ließ sich nach der Einnahme Prags, die ihm mit Unterstützung französischer Truppen gelang, noch im Dezember 1741 zum König von Böhmen ausrufen (als Voraussetzung für die Ernennung zum Kaiser) und wurde am 24. Januar 1742 mit den Stimmen aller Kurfürsten zum römisch-deutschen Kaiser Karl VII. (1742–1745) ernannt. Mit Österreich verbündete ungarische Truppen marschierten daraufhin in Bayern ein und besetzten das Land.

Am 26. Januar 1742 war Friedrich wieder in Berlin. Er versi-

*13 Friedrichs
Sekretär Charles
Etienne Jordan*

cherte Wien seine Unterstützung in der Erbfolgefrage und bei der Wahl von Herzog Franz Stephan von Lothringen, des Ehemanns von Maria Theresia, zum Kaiser. Dafür verlangte er überraschend ganz Schlesien, eine Forderung, die ohne Zögern zurückgewiesen wurde. So ging es in das zweite Kriegsjahr, dessen erste Schlacht im Mai geschlagen wurde. In der Zwischenzeit korrespondierte Friedrich wie gewohnt mit seinen Freunden.

»(...) Ich denke oft an Remusberg«, schrieb er an seinen Vorleser und Freund Charles Etienne Jordan, *»und an den freiwilligen Fleiß, durch den ich mit Künsten und Wissenschaften vertraut wurde; aber schließlich gibt es keinen Stand ohne Schattenseiten. Damals hatte ich meine kleinen Freuden und Leiden; ich fuhr auf einem sanften Gewässer. Jetzt schwimme ich auf dem hohen Meer; eine Wel-*

le hebt mich gen Himmel, die nächste reißt mich in die Tiefe, und die
dritte trägt mich noch rascher in schwindelnde Höhe (...).«³

Österreich verlegte seine Armee während der Wintermonate
nach Südböhmen, wo es am 17. Mai 1742 bei Chotusitz zu
der entscheidenden Schlacht des Krieges kam. In diesem
Gefecht spielte Friedrich eine eigenständige Rolle, als er gegen Ende des Kampfes mit seiner Infanterie eingriff und den
Gegner in die Flucht schlug.

An Jordan schrieb Friedrich über seine Hoffnung auf einen
baldigen Frieden:

»Nun hat Dein Freund im Laufe von 13 Monaten zweimal gesiegt!
Wer hätte vor ein paar Jahren gedacht, dass Dein Schüler in der Phi-
losophie, Ciceros Schüler in der Rhetorik und Bayles Schüler in der
Vernunftlehre eine militärische Rolle in der Welt spielen würde! Wer
hätte gedacht, dass die Vorsehung einen Dichter dazu ausersehen
hätte, das politische System Europas umzustürzen und die politi-
schen Kombinationen seiner Herrscher über den Haufen zu werfen.
Es geschieht so vieles, wofür sich nur schwer ein Grund angeben lässt,
dass dieses Ereignis kühnlich dazugerechnet werden kann. Es ist ein
Komet, der die Sternbahn kreuzt und eine andere Richtung verfolgt
als alle anderen Planeten.
Ich brenne auf Nachrichten von Dir, aber schreibe mir viel von Häu-
sern, Möbeln und Tänzern. Das ist mir eine Erholung und Aus-
spannung von meinen Geschäften, die sämtlich wichtig sind und da-
her ernst und schwierig werden. Ich lese, was ich kann, und versichere
Dir, ich bin in meinem Zelte ebenso sehr Philosoph wie Seneca oder
noch mehr.
Wann sehen wir uns unter den schönen, friedlichen Hecken von
Remusberg oder unter den prächtigen Linden von Charlottenburg
wieder? Wann können wir aufs Neue nach Herzenslust über die Al-

bernheit der Menschen und unsere elende Lage herziehen? Ich sehne
diese glücklichen Stunden mit Ungeduld herbei, zumal der Mensch,
wenn er von allem in der Welt genascht hat, zum Besten zurück-
zukehren pflegt.
Leb wohl, lieber Jordan. Vergiss Deinen Freund nicht und bewahre
mir in Deinem Herzen die ganze Treue des Orestes zu Pylades.«[3]

Mit der Schlacht bei Chotusitz war der Erste Schlesische
Krieg beendet. Schon am 11. Juni 1742 wurde ein Vor-Vertrag
zum Frieden zwischen dem König von Preußen und dem
Hause Habsburg in Breslau unterschrieben. Friedrich schrieb
am 13. Juni 1742 erneut an Jordan:

»(…) Endlich bringe ich Ihnen die so sehnlichst erwartete Neuigkeit,
das Ende des Krieges, die große Neuigkeit, kurz, den Abschluss ei-
nes guten, vorteilhaften Friedens. Ich lasse Ihnen Zeit zum Aufat-
men. Dass eine so unverhoffte und angenehme Nachricht Sie un-
bedingt hocherfreuen muss, begreife ich.
Trotzdem soll Ihre Freude Sie nicht indiskret machen; vielmehr
verbiete ich Ihnen, davon zu sprechen, bevor die Nachricht öffentlich
bekannt ist. Ich habe getan, was ich dem Ruhme meines Volkes zu
schulden glaubte, nun tue ich, was ich seinem Glück schuldig bin.
Das Blut meiner Truppen ist mir kostbar; ich verschließe alle Kanä-
le weiteren Blutvergießens, die ein mit Barbaren geführter Krieg
unfehlbar geöffnet hätte, und wende mich von Neuem den sinnlichen
Freuden und dem geistigen Genuss der Philosophie zu.
Ich werde etwa den 15. oder 20. Juli in Berlin sein. Sorgen Sie, dass
Sie dann gesund sind, und schaffen Sie Vorrat an allem Erfreulichs-
ten und Unterhaltsamsten, was Ihr Geist ersinnen kann. Kurz: Ich
möchte bei Ihnen Platos Weisheit, Ciceros Beredsamkeit, die Dienst-
fertigkeit des Atticus und den Beistand Epikurs finden. Lebwohl,
höchst friedlicher Jordan!

Dein Freund, der Eisenfresser, begrüßt Dich bald im schlichten Phi-
losophengewande.«³

Am 28. Juli 1742 wurde nach weiteren Verhandlungen unter
Ausschluss Frankreichs, Bayerns und Sachsens der Friedensvertrag in Berlin geschlossen. Preußen erhielt Schlesien – mit
Ausnahme eines kleinen Teils von Oberschlesien – die Grafschaft Glatz und einen Distrikt von Mähren. Dieser Separatfriede, der die Parteien auch verpflichtete, Gegner der jeweils
anderen Partei nicht zu unterstützen, wurde von Frankreich
und Sachsen, die im Schlesischen Krieg Verbündete Preußens gewesen waren, heftig kritisiert. Sie hatten von Preußen
Unterstützung in dem von ihnen geführten Erbfolgekrieg erhofft. Österreich, ganz in Friedrichs machtpolitischem Interesse, hatte nun den Rücken frei. Mit seinen Truppen besetzte es Bayern und drängte die Franzosen in den Jahren 1743
und 1744 bis über den Rhein zurück.
Prinz Heinrich, der als einziger der Brüder Friedrichs für sich
Unabhängigkeit des Denkens beanspruchte und sich auch
erlaubte, das Handeln seines Bruders, des Königs, zu beur-
teilen, schrieb später rückblickend an Friedrich:

»Ich weiß, dass Sie Frankreich vorher davon unterrichten wollten,
aber Sie haben es nicht getan und damit einen Verbündeten verloren,
der Sie seitdem immer als unzuverlässigen Partner angesehen hat.
(…) Durch Ihren Separatfrieden ließen Sie die Franzosen in Böh-
men allein, sodass diese die gesamte Streitmacht der Österreicher auf
den Buckel bekamen, was zu ihrem Ruin führte. Auch die verbün-
deten Sachsen haben Sie verärgert, indem Sie deren Generale nicht
zu den Beratungen hinzuzogen und ihren Truppen die schlechtesten
Quartiere in Mähren zuwiesen, wodurch sie nach Sachsen in elen-
dem Zustand zurückkehrten. (…) Sie haben sich also Ihren Bundes-

genossen entfremdet und Ihre Feinde entlastet, indem Sie ihnen eine
so gefährliche Armee wie die preußische vom Halse schafften.«[16]

Friedrich dagegen wertete den Ersten Schlesischen Krieg in
seiner *Geschichte meiner Zeit* positiv:

»(…) So kam Schlesien an den preußischen Staat. Zwei Kriegsjah-
re hatten zur Eroberung dieser wichtigen Provinz genügt. Der vom
verstorbenen König hinterlassene Schatz war fast erschöpft. Aber
Staaten sind billig, wenn sie nur 7 bis 8 Millionen kosten. (…) Was
aber zum glücklichen Gelingen das Meiste beitrug, das war ein Heer,
das in 22-jähriger Arbeit zu bewundernswerter Mannszucht her-
angebildet worden war und alle Armeen Europas in den Schatten
stellte; das waren wahrhaft patriotische Offiziere, erfahrene und un-
bestechliche Staatsdiener; das war schließlich ein gewisses Glück, das
so oft mit der Jugend ist, aber das Alter im Stiche lässt. Wäre die gro-
ße Unternehmung misslungen, so hätte man den König einen leicht-
sinnigen Fürsten gescholten, der Dinge unternimmt, die seine Kräfte
übersteigen. Da sie gelang, sah man ihn als Glückskind an (…).«[2]

Nach Austausch der Ratifikationen am 28. Juli 1742 in Berlin zog der König seine Truppen aus Böhmen zurück. Ein Teil
kehrte über Sachsen heim, der andere rückte nach Schlesien
vor, um die neue Eroberung zu schützen. Allerdings war
Friedrich nicht sicher, ob er dem Frieden trauen könne. So
wies er seinen Gesandten in Wien an, »die wirkliche Einstel-
lung der Königin von Ungarn gegenüber dem König ausfin-
dig zu machen«[23]. Der preußische König rechnete schon zu
dieser Zeit damit, dass Wien alles daran setzen würde, Schlesien eines Tages wieder zurückzuerobern.

Als neuer Sisyphus drehe ich
das Rad

*D*er für Europa segensreiche Friede muss die Künste und Wissenschaften unfehlbar zur Blüte bringen. Ich glaube meine Zeit nicht besser anwenden zu können, als indem ich ihnen meine Nächte widme. Meine Friedenstätigkeit muss dem Staate ebenso nützlich werden, wie es meine Sorge für den Krieg gewesen ist. Kurz, das politische Leben tritt in eine neue Jahreszeit. (…) Das Theater wird im November fertig sein, und im nächsten Jahre treffen die Schauspieler ein. Ihnen sollen die Akademiker folgen, wie es sich geziemt. Die Torheit geht der Weisheit stets voran, und Leute mit Brillen auf der Nase und Zirkeln in den Händen, die bedächtig schreiten, können erst später anlangen als französische Leichtfüße, die zum Tamburin tanzen. Ich wünsche Ihnen Gesundheit, Leben und Zufriedenheit (…)«[3], schrieb Friedrich am 18. Juli 1742 an den Dichter Francesco Graf Algarotti.

Es blieben Friedrich tatsächlich nur die Nächte für Kunst und Wissenschaft, denn er sah sich einer großen Fülle von Arbeit gegenüber. Er nutzte die Friedenszeit, um das katholische Schlesien mit viel staatsmännischem Geschick zu ordnen, wobei er die Verhältnisse dort weitestgehend unverändert ließ und auch für neu zu besetzende Positionen in der Verwaltung Beamte aus dem Land rekrutierte. Die Protestanten erhielten das Recht der freien Religionsausübung,

14 Francesco
Graf Algarotti

die Katholiken wurden in der ihren in keiner Weise eingeschränkt. Mit der territorialen Erweiterung Preußens durch
Schlesien vergrößerte sich die Zahl der katholischen Bürger
im Lande auf fast 20 Prozent der Bevölkerung. Religiöse Toleranz war eine Voraussetzung für eine friedliche Eingliede-
rung der neuen Gebiete.

Friedrich führte seit seiner Thronbesteigung in regelmäßigen
Abständen Inspektionsreisen in allen Landesteilen durch.
Dies war ein wichtiges Instrument, sich vor Ort zu informieren, Land und Leute, vor allem die verantwortlichen Beam-
ten kennenzulernen und – wo erforderlich – auch gleich zu
intervenieren. Im September 1742 berichtete er seinem
Freund Jordan:

»(…) Bald werde ich meine Rundreise durch Schlesien beendet haben. Ich habe Berge von Arbeit bewältigt und in acht Tagen mehr Geschäfte erledigt als die österreichischen Kommissionen in acht Jahren. Dabei ist mir fast alles gelungen. Mein Kopf enthält jetzt fast nur noch Rechnungen und Zahlen. Bei meiner Rückkehr werde ich ihn von alledem säubern und ihn mit erleseneren Dingen anfüllen (…).«[3]

Auch in einem Brief an Voltaire erzählt er von seinen Inspektionstätigkeiten:

»(…) Als neuer Sisyphus drehe ich das Rad, an dem zu arbeiten ich verurteilt bin. Bald in dieser, bald in jener Provinz gebe ich den Anstoß zur Bewegung meines kleinen Staates, befestige im Schutze des Friedens, was ich den Armen der Krieger verdanke, stelle alte Missbräuche ab und gebe Anlass zu neuen; kurz, ich verbessere Fehler und mache selbst welche.«[3]

Die im Kriege beschädigten Festungen wurden repariert, und Friedrich sorgte dafür, dass möglichst schnell wieder ein normales Leben im Land entstand. Elbe und Oder wurden durch einen Kanal verbunden, der Handel stark gefördert. Im Jahr 1744 kam Ostfriesland durch Erbfolge an Preußen, eröffnete damit den direkten Zugang zum Meer und erleichterte den Seehandel.

Aber auch im Heer wurde intensiv gearbeitet. Friedrich hatte aus dem Ersten Schlesischen Krieg viel gelernt. Er arbeitete nun daran, die Schwächen zu beseitigen und neue Stärken auszubilden. Zur Disziplin im Heer hielt er fest:

»(…) Die Generale und Obersten besitzen unbeschränkte Vollmacht über ihre Regimenter. Sie haften dem König für sie Mann für Mann.

Der Chef empfängt seine Befehle, und der König ist sicher, dass sie zur Ausübung gelangen. Daher kommt es, dass Truppen, die vom Geiste straffer Disziplin erfüllt sind, keinen Ungehorsam, keine Widerrede, keine Klagen kennen. Ja, inmitten der größten Gefahren hören sie auf das Kommando und bieten dem Tode Trotz, wenn ihre Chefs es ihnen befehlen. Sie gehen, wohin sie geführt werden, und verrichten Wunder, wenn das Beispiel tapferer Offiziere sie anfeuert. Die Disziplin hält den Soldaten in Schranken und zwingt ihn zu vernünftiger und geregelter Lebensführung, hält ihn von jeder Gewalttat, von Diebstahl, Trunkenheit und Spiel zurück und nötigt ihn, beim Zapfenstreich in seinem Quartier zu sein. In einem gut disziplinierten Heere muss es ehrbarer zugehen als in einem Mönchskloster. Mit solcher strengen Subordination erreicht man, dass eine ganze Armee von der Führung eines Einzigen abhängt. (...) Ist ein Regiment in guter Ordnung, dann muss eine Kompanie der anderen ähneln, dann muss Körperhaltung, Ausrüstung, Kleidung, ja selbst die Haltung der Waffen gleich sein. (...)«[2]

Nicht nur in Bezug auf Disziplin und Ordnung, bis hinein in Regelungen für die Körpergröße hatte er genaueste Vorstellungen:

»Bei den alten Infanterieregimentern wollen wir im ersten Gliede keine Leute unter 5 Fuß 8 Zoll und im zweiten keine unter [5 Fuß] 6 Zoll, gut gemessen. (...) Diese hohe Statur ist nötig; denn die groß gewachsenen Leute sind kräftiger als die anderen. Keine Truppe der Welt könnte ihrem Bajonettangriff widerstehen. (...) Ich habe sie dazu erzogen, im Geschwindschritt auf den Feind loszugehen, ohne zu schießen, nur mit dem Bajonett. Denn man wird den Feind bei kühnem Angriff unfehlbar in die Flucht jagen und viel weniger verlieren als bei langsamem Vorrücken.«[2]

15 *Friedrich der Große kehrt mit den Prinzen und der Generalität vom Manöver nach Sanssouci zurück*

Die Reiterei wurde zu einem sehr wichtigen militärischen Truppenteil ausgebildet:

»Ich habe die Kavallerie geübt, alle Arten von Attacken ungestüm zu reiten, in jedem Gelände zu kämpfen, sich geschwind zu formieren und sich schnell wieder zu sammeln, ihre Flanken zu decken und die des Gegners zu gewinnen. Darin besteht in wenigen Worten die ganze Wissenschaft der Kavallerieführer. (…) Bei der Kavallerie sehen wir nicht sowohl auf großen Wuchs als auf breite Schultern, doch dürfen die Kürassiere und ebenso die Dragoner nicht unter [5 Fuß] 6 Zoll messen. Das genügt. Sie müssen so groß sein, um ohne Hilfe auf große Pferde hinaufzukommen.«[2]

Im Frieden blieben jedoch auch die gegnerischen Seiten nicht untätig, ihre Interessen zu verfolgen. Maria Theresia hatte zwei Ziele: Schlesien zurückzugewinnen und ihren

Ehemann, Herzog Franz Stephan von Lothringen, zum Kaiser des Heiligen Römischen Reiches Deutscher Nation wählen zu lassen. Sie betrieb die Absetzung des bayerischen Kurfürsten Karl Albrecht, der als Karl VII. zum Kaiser gewählt worden war, und schloss dazu 1743 ein Bündnis mit England, Holland und Sardinien. Friedrich beobachtete mit Sorge, dass Österreich an Macht gewann und Bayern und Frankreich bedrängen konnte. So war es Österreich gelungen, die Franzosen wieder aus Böhmen zu vertreiben. Friedrich musste unbedingt verhindern, dass Maria Theresia, deren Truppen Bayern besetzt hatten, in den dauerhaften Besitz Bayerns kam.

Mit der gleichen Entschiedenheit, mit der Friedrich einer Zerstückelung des Habsburger Reiches entgegengetreten war,

16 Maria Theresia (1717–1780) Kaiserin, Königin von Böhmen und Ungarn, Erzherzogin von Österreich

wandte er sich jetzt gegen ein territoriales Erstarken Österreichs, das ein neues Ungleichgewicht der Kräfte in Europa und auch eine Bedrohung für den schlesischen Besitz mit sich bringen würde. So ging er erneut auf seine beiden früheren Verbündeten Bayern und Frankreich zu und plante, Böhmen für Kaiser Karl VII. zurückzugewinnen, um dessen Position zu sichern. War Böhmen einmal für Bayern gesichert, würde dies auch den schlesischen Besitz für Preußen festigen. Mit Russland kam es wegen Interventionen aus England zu keinem Bündnis, jedoch gelang es Friedrich, Prinzessin Sophie-Auguste von Anhalt-Zerbst, die spätere Kaiserin Katharina II., mit dem russischen Thronfolger Peter, einem Neffen der Kaiserin Elisabeth, zu vermählen. Die Prinzessin war in Preußen erzogen worden, ihr Vater war Feldmarschall der preußischen Armee.

Die Lage spitzte sich weiter zu und veranlasste Friedrich II., im August die Schrift *Darlegung der Gründe, aus denen der König sich genötigt sieht, dem Kaiser Hilfstruppen zu stellen* zu verfassen. Darin hielt er fest:

»(...) Aber der Wiener Hof (...) wollte von Frieden nichts wissen, vielmehr wünschte er den Kriegsbrand über ganz Europa zu verbreiten, um das Gleichgewicht der Mächte zu zerstören, die sich seinen ehrgeizigen Plänen widersetzten, und sie und ihre Bundesgenossen völlig seinem Willen zu unterwerfen.«

Friedrich erwähnt dann, dass er ohne Erfolg England und Holland um Vermittlung angerufen habe, und fährt fort:

»(...) Nachdem also Seine Majestät umsonst so vieles versucht hat, um dem Reiche Ordnung und Frieden wiederzugeben, sieht er sich gezwungen, (...) das Reich vor dem völligen Untergang zu retten.

Zu diesem Zweck stellt er dem Kaiser [Karl VII.] *eine große Zahl seiner Truppen als Hilfskontingent, um mit ihnen die Königin von Ungarn* [Maria Theresia, Erzherzogin von Österreich] *zu bekriegen, seine unversöhnliche Feindin, die in ihrem hochmütigen Stolz und Ehrgeiz auf weiter nichts sinnt, als ganz Deutschland unter ihr hartes Joch zu beugen.«*[2]

Friedrichs Schwester Ulrike heiratete im August 1744 den schwedischen Thronfolger. Die Festlichkeiten zu diesem Anlass setzten gleichzeitig den Schlusspunkt unter die Friedenszeit. Der Zweite Schlesische Krieg begann.

Mein Entschluss steht fest

In dem erneuten Bündnis mit Frankreich gegen Österreich war ein Angriffskrieg beschlossen worden: Frankreich sollte mit je einer Armee am Oberrhein und am Niederrhein, Preußen dagegen in Böhmen einfallen. Frankreich drang zunächst in die österreichischen Niederlande ein, fand sich aber am Oberrhein dem österreichischen Feldherrn Otto Ferdinand Graf Traun gegenüber. Dieser war bereits bis in das Elsass gelangt, sodass Frankreich schleunigst Truppen dorthin verlagern musste, um den österreichischen Truppen im Breisgau entgegenzutreten.

Friedrich sah sich in dieser Situation gezwungen, früher als geplant und schneller, nämlich am 15. August 1744, in Böhmen einzurücken. Am 2. September vereinigten sich die verschiedenen preußischen Truppenteile bei Prag, das am 16. September kapitulierte. Statt diesen militärischen Erfolg zu sichern, rückte Friedrich weiter nach Süden gegen die österreichischen Grenzen vor und besetzte die Städte Tabor, Budweis und Frauenberg, was insofern unglücklich war, als die katholische Bevölkerung in Böhmen die »preußischen Ketzer« hasste und auf Anweisung von Maria Theresia ihre Getreidevorräte vergraben und ihre Dörfer verlassen hatte.

Zu allem Überfluss erhielten die österreichischen Truppen zudem Unterstützung von ungarischen Husaren, die sämtliche Verbindungen des preußischen Heeres untereinander abschnitten. Wegen Nahrungsmangels und Krankheiten unter den Soldaten und eines früh einsetzenden Winters musste Friedrich sich mit seinem Heer nach Prag zurückziehen, verfolgt von der österreichischen Armee, die über alle Bewegungen der Preußen von der Bevölkerung informiert wurde.

Bayern kam seinen Verpflichtungen, Preußen zu unterstützen, gar nicht oder nur sehr schleppend nach, Sachsen bedrohte die Nachschubwege Preußens.

Friedrich hatte zwar den Besitz Schlesiens behaupten können, hatte aber seine Lehren für die Zukunft ziehen müssen. Er war voller Anerkennung für Traun und seine überlegene Kriegskunst und Führung des österreichischen Heeres:

»Trauns Benehmen ist ein vollendetes Muster der Kriegführung und verdient das Studium und die Nacheiferung jedes eifrigen und fähigen Soldaten. Wie der König selbst zugestehen musste, hat er diesen Feldzug als seine Schule des Krieges und Traun als seinen Lehrmeister angesehen. Aber Glück ist den Fürsten oft verhängnisvoller als Unglück. Jenes berauscht und verblendet sie; dieses lehrt sie Vorsicht und Bescheidenheit.«[2]

Dies war die Lage am Ende des Jahres 1744. Zunehmend wurde deutlich, dass Frankreich seinen militärischen Auseinandersetzungen mit Großbritannien in Übersee eine höhere Priorität beimaß als den Vereinbarungen mit Preußen. Preußen verlor Bayern als Bündnispartner, als Kaiser Karl VII. unerwartet im Alter von 48 Jahren am 20. Januar 1745 starb. Karls Sohn unterstützte die Wahl Franz Stephans zum Kaiser und erhielt Bayern als Gegenleistung zurück. Die außenpolitische Lage hatte sich durch diese Entwicklungen in Frankreich und Bayern und dadurch, dass sich Österreich im

Januar 1745 mit den Niederlanden, Sachsen/Polen und Großbritannien verbündete *(Warschauer Vertrag)*, grundlegend geändert. Hinzu kam, dass die russische Zarin Elisabeth seit ihrer Thronbesteigung 1741 eine eher Habsburg-freundliche Politik verfolgte.

Friedrich war sich der drohenden Gefahr, die aus dieser neuen Konstellation erwuchs, und der Möglichkeit des Untergangs bewusst. Er schrieb am 27. April 1745 an seinen Minister Podewils, der ihn gewarnt hatte, nicht alles aufs Spiel zu setzen:

»*Wenn alle meine Hilfsmittel versagen, alle Verhandlungen scheitern, kurz, alle Umstände sich gegen mich erklären, dann lieber in Ehren untergehen als für mein ganzes Leben Ruhm und Ansehen verlieren. Ich habe es mir zu einer Frage der Ehre gemacht – mehr denn ein anderer –, meines Hauses Macht zu erhöhen, und habe eine vornehme Rolle unter Europas gekrönten Häuptern gespielt. All das sind persönliche Verbindlichkeiten, die ich eingegangen bin; ich bin durchaus entschlossen, dafür einzustehen, und koste es mich Glück und Leben. (…) Mein Entschluss steht fest. Tun Sie, was Sie wollen – jeder Versuch, mir meinen Entschluss auszureden, ist aussichtslos. (…)*«[3]

Friedrich setzte alles auf eine baldige Schlacht, in der er die Österreicher vernichtend schlagen wollte, und wie er gehofft hatte, überschritt die österreichische Armee die Sudeten und vereinigte sich mit den sächsischen Truppen bei Trautenau, von wo aus beide Heere in Richtung der schlesischen Grenze vorrückten. Friedrich hatte seine Truppen in die Gegend zwischen Schweidnitz und Striegau verlegt, aber das Gerücht streuen lassen, er habe sich nach Breslau zurückgezogen. Zu seinem Vorteil war Traun von der österreichischen Heeresführung nach Italien versetzt worden, sodass die gegnerische Armee wieder ohne eine starke Führung war.

Am 4. Juni kam es zur Schlacht von Hohenfriedeberg, in der die Österreicher und Sachsen in wenigen Stunden vernichtend geschlagen wurden und große Verluste erlitten. Friedrich agierte in dieser Schlacht zum ersten Mal als allein verantwortlicher Feldherr.

Eine weitere Schlacht in diesem Jahr, in welche die Österreicher im Vertrauen auf ihre Übermacht ebenso sorglos hineingingen wie in den vorherigen Kampf, war die Schlacht bei Soor am 30. September 1745. Friedrich errang erneut einen großen Sieg. Die Österreicher hatten versucht, einen Überraschungsangriff durchzuführen, wovon Friedrich aber in letzter Minute unterrichtet wurde, sodass er seine Truppen noch rechtzeitig in Stellung bringen konnte. 18000 preußische Soldaten standen 40000 Mann der österreichischen Armee gegenüber, die durch die Aufstellung der Preußen in einer Linie zurückgeworfen und schließlich in die Flucht geschlagen wurden. Friedrich entging in dieser Schlacht nur knapp dem Tod oder einer schweren Verwundung. Das Pferd, auf dem er in der Schlachtlinie ritt, wurde durch eine feindliche Kugel getötet, die es am Kopf traf.

Friedrich warf sich später vor, dass er von dem Anmarsch der Österreicher hätte informiert sein müssen:

»Der Sieg wurde aber auch durch die Tapferkeit der preußischen Truppen errungen, die die Fehler ihres Führers wettmachten und den Feind für seine Fehler bestraften.«[2]

Noch aber waren Österreich und Sachsen nicht zum Friedensschluss bereit. Bei Kesselsdorf, wo sich die Feinde gesammelt hatten, kam es am 15. Dezember 1745 zur letzten

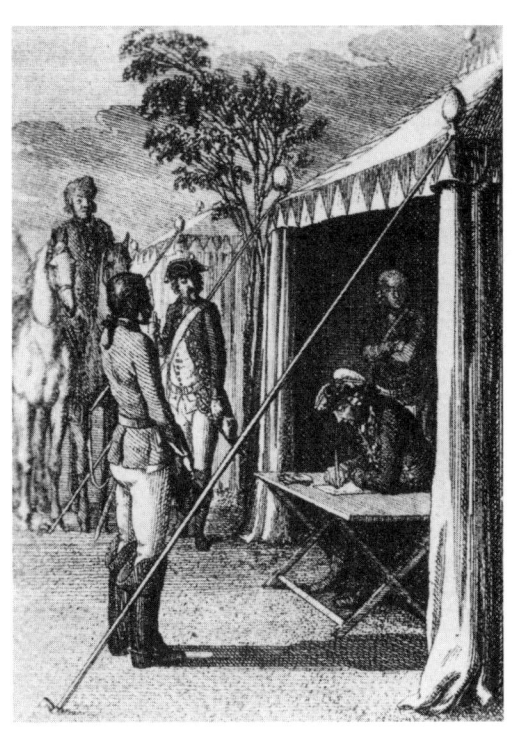

*17 Friedrich nach
der Schlacht bei
Soor*

Schlacht dieses Krieges, die durch das große Geschick des
Fürsten von Dessau, der einen Teil der Armee befehligte,
glänzend gewonnen wurde. Am 18. Dezember rückte Friedrich ohne Gegenwehr nach Dresden ein, und bereits am
25. Dezember wurde dort der Friedensvertrag unterzeichnet.
Friedrich behielt Schlesien und erkannte die Wahl des Groß-
herzogs Franz Stephan von Lothringen zum Kaiser Franz I.
an. Als der preußische König am 28. Dezember 1745 nach
Berlin zurückkehrte, wurde er mit Jubel begrüßt und zum
ersten Mal »der Große« genannt.
Der König aber beurteilte auch den Zweiten Schlesischen
Krieg kritisch:

»Schätzt man die Dinge nach ihrem wirklichen Wert ein, so ist zuzugeben, dass der Krieg ein in mancher Hinsicht sehr unnützes Blutvergießen war, und dass Preußen durch eine Kette von Siegen nichts weiter erreicht hat als die Bestätigung des Besitzes von Schlesien.«[2]

In seinem persönlichen Umfeld hatte Friedrich traurige Verluste erleiden müssen. Seine beiden engsten Freunde Charles Etienne Jordan und Dietrich von Keyserling waren im Mai bzw. August 1745 gestorben.

»Ich bin mehr tot als lebendig von der Nachricht, die Sie mir haben zukommen lassen«, schrieb er zutiefst deprimiert an seinen Minister Podewils. *»Binnen dreier Monate verliere ich meine beiden Herzensfreunde. Sie haben mir von allen, die ich kenne, am nächsten gestanden. So bin ich also jetzt ganz fremd in Berlin, ohne Verbindungen, ohne Bekanntschaften und wahre Freunde. Ich gestehe, dieser Schlag beugt mich nieder, und ich habe nicht die Kraft, ihn auszuhalten. (…) Diese Nachricht hat mich so aller Fassung beraubt, dass ich außerstande bin, noch mehr darüber zu sagen. Vernunft und Philosophie müssen einfach verstummen vor dem echten Schmerz. Leben Sie wohl, möge der Himmel Sie und alle redlichen von einem gleichen Unglück bewahren. Ich bin Ihr treuer Freund Friedrich.«[3]*

In einem Brief an seinen Freund Jean Baptiste de Boyer, Marquis d'Argens, philosophierte er über die Bedeutung der Freundschaft:

»(…) Einen wahren Freund halte ich für eine Himmelsgabe. Ach, ich habe zwei verloren, denen ich zeitlebens nachtrauern werde und deren Andenken erst mit meinem Tode verlöschen wird. Sie ziehen viele beredte Fehlschlüsse. So behaupten Sie, ein Kartäuser könne glücklich sein; ich wage Ihnen positiv zu sagen, dass er es nicht ist.

Ein Mensch, der die Wissenschaften pflegt und ohne Freunde lebt, ist ein gelehrter Werwolf. Kurz, nach meiner Meinung gibt es ohne Freundschaft kein Glück. Ob man ebenso denkt wie der Freund oder anders, ob der eine lebhaft, der andere schwermütig ist, spielt dabei keine Rolle. Wohl aber ist die Ehrenhaftigkeit das erste Bindemittel der Seelen; ohne sie gibt es keinen vertrauten Umgang. Ich glaube, man findet in dem engen Knüpfen der Freundschaftsbande seinen Vorteil, den Vorteil des Vergnügens, des Wissens, des Trostes, der Nützlichkeit usw. Das ist meine Meinung.«[3]

Hoch auf eines Hügels Rücken

In den nun folgenden zehn Friedensjahren widmete sich der König einer Vielzahl von Themen und Programmen auf zahlreichen Gebieten. Über die Großmachtstellung Preußens und die Etablierung eines reformierten Rechtssystems hinaus hinterließ er die am deutlichsten sichtbaren Spuren seines Schaffens durch seine Bautätigkeit, die noch heute Berlin und Potsdam prägt.

Schon sein Großvater, Friedrich I., hatte sich große Verdienste um Kultur und Wissenschaft und das Stadtbild Berlins erworben: Stiftung der Universität Halle, Gründung der Akademie der Künste und der Akademie der Wissenschaften, Ausbau der Bibliothek, Umwandlung des Stadtschlosses in das zentrale barocke Gebäude der Stadt, Bau des Schlosses Charlottenburg, des Zeughauses und des Schlosses Monbijou, wodurch er Berlin mit seinen Architekten Johann Arnold Nering, Eosander von Göthe und Andreas Schlüter in eine prächtige barocke Residenzstadt verwandelt hatte.

Friedrich II. baute auf diesen Grundlagen auf und fügte zahlreiche weitere wichtige Gebäude hinzu. In Berlin begann er 1747 mit dem Bau der katholischen Hedwigskathedrale, ebenso mit dem der Hofkirche – dem neuen Dom am Lustgarten –, den später Schinkel erweiterte und an dessen Stelle unter Wilhelm II. der heutige Berliner Dom errichtet wurde. Während Friedrichs Regierungszeit wurde das sogenannte

Forum Fridericianum vollendet, das von dem Prinz-Heinrich-Palais, der heutigen Humboldt-Universität, der Staatsoper, der Hedwigskathedrale und der Bibliothek begrenzt wird. Außerdem ließ er das Schloss Bellevue für seinen Bruder Ferdinand sowie zahlreiche Kirchen, Stadt- und Triumphtore erbauen. Mit dem deutschen und französischen Dom am Gendarmenmarkt entstand in den frühen 1770er-Jahren einer der schönsten Plätze in Europa. In Potsdam ist vor allem Schloss Sanssouci zu nennen, das Friedrich II. während der Jahre 1745–1748 von Knobelsdorff errichten ließ und zu dem er seine eigenen Entwürfe einbrachte.

In den Friedensjahren nach dem Siebenjährigen Krieg (1756–1763) kamen weitere wesentliche Bauten hinzu, so die Erweiterungsbauten an den Schlössern Charlottenburg und Monbijou. Das Neue Palais, mit dem Friedrich einen ganz anderen Anspruch an Repräsentation und Machtdarstellung geltend machte als mit der eher bescheidenen Sommerresidenz Schloss Sanssouci, wurde ebenfalls in dieser Zeit

18 Das Schloss Sanssouci

(1763–1769) erbaut. Wie auf allen anderen Gebieten auch plante und entwarf der König die jeweiligen Gebäude und kümmerte sich bei der Ausführung um jedes Detail.

Friedrich besaß eine umfangreiche Sammlung der wichtigsten Werke über die Architektur der Antike bis zur Neuzeit. In jeder seiner fünf Bibliotheken in Sanssouci, im Potsdamer Stadtschloss, im Neuen Palais, im Schloss Charlottenburg und in Breslau waren die für ihn wichtigsten Werke der Literatur zu finden, darunter auch Bücher über die Architektur Europas: Griechenland, Italien, dort speziell Palladios Bauten, Frankreich, England und Österreich.

Friedrich war stolz darauf, wie sich das Stadtbild Potsdams durch seine Planung verändert hatte, und erwähnte dies auch gegenüber de Catt:

19 Friedrich beobachtet die Errichtung seiner Grabstätte

»Nach Potsdam, nach Potsdam! Das brauche ich, um glücklich zu sein. Wenn Sie diese Stadt sehen, wird sie Ihnen sicherlich gefallen. Zu meines Vaters Zeiten war es ein elendes Nest; wenn er jetzt wiederkäme, würde er seine Stadt sicherlich nicht wiedererkennen, so habe ich sie verschönt. Ich habe die Pläne der schönsten Bauwerke Europas, insbesondere Italiens, ausgewählt und lasse sie im Kleinen und mit meinen Mitteln entsprechend ausführen. Die Größenmaße sind sehr gründlich berücksichtigt worden. Alle meine Bauwerke gefallen den Leuten, davon werden Sie sich überzeugen können. Ich gestehe, dass ich gerne baue und schmücke.«[17]

Friedrich bestimmte auch, dass er auf der Ostseite der Terrasse des Schlosses Sanssouci begraben werden wollte. In seinem Testament vom 11. Januar 1752 schrieb er:

»Ich habe als Philosoph gelebt und will als solcher begraben werden, ohne Pomp, ohne Prunk und ohne die geringsten Zeremonien. (…) Man bringe mich beim Schein einer Laterne, und ohne dass mir jemand folgt, nach Sanssouci und bestatte mich dort ganz schlicht auf der Höhe der Terrasse, rechter Hand, wenn man hinaufsteigt, in einer Gruft, die ich mir habe errichten lassen.«[2]

Seine Lieblingshunde sollten ebenfalls dort beerdigt werden. So sehr ihm an der Schönheit der Bauten und der vollendeten Meisterschaft seiner Architekten lag, so äußerst sparsam war er auch und ging jeder Rechnung auf den Grund, wie ein Schreiben an Knobelsdorff belegt, in dem er die Ungenauigkeit in der Rechnungsauflistung rügte:

»(…) so kann ich nicht anders als Euch mein äußerstes Missfallen darüber zu erkennen geben, dass Ihr nicht mehr auf Ordnung und Richtigkeit gehalten.«[17]

War ein Gebäude fertiggestellt, brachte er seine Freude darüber in einem Gedicht zum Ausdruck, wie hier über Sanssouci:

»Hoch auf eines Hügels Rücken,
Wo das Auge mit Entzücken
Schweift, so weit der Himmel blau,
Hebt gebietend sich der Bau,
Hohe Kunst ward dran gewendet;
Sorglich schuf und meisterlich
Mir des Meißels Hieb und Stich
Steingestalten formvollendet,
Die das Ganze prächtig schmücken,
Ohne lastend es zu drücken.
Morgens taucht mein Schlösslein ganz
Sich im goldnen Frühlichtglanz,
Der es grüßt, wenn er erwacht.
Sechs bequeme Treppen lassen
Nieder über sechs Terrassen,
Mählich sacht
Euch zum Haine niedersteigen,
Euch zu flüchten
In die grüne Dämmernacht.«[3]

Zeit seines Lebens baute Friedrich, skizzierte selbst und verfolgte sein Ziel, Parks und Gärten ebenfalls mit zahlreichen kleineren Gebäuden, Tempeln und Pavillons zu schmücken, vor allem im Park von Sanssouci: »Der König hatte in diesem Jahr ein paar Skizzen zu Tempeln entworfen, die in dem Rehgarten, unweit von dem neuen Schlosse erbaut werden sollten. Von Gontard musste solche ins Reine zeichnen, und nach einigen Änderungen in den Entwürfen und Kostenanschlägen wurde zum Bau derselben geschritten.«[17] Der König bestimmte dabei, was wo, mit welchem Budget und durch welchen Architekten gebaut wurde. Unter seinen Architekten Hans Georg Knobelsdorff, Johann Boumann, Johann Gottfried Büring, Georg Christian Unger und Carl Philipp von Gontard gab es immer wieder Eifersüchteleien und Reibereien, besonders zwischen Knobelsdorff und Boumann. Zu seiner Tätigkeit als Baumeister trat seine Leidenschaft als Sammler von Kunstwerken. Für seine Gemäldesammlung ließ er eine Galerie neben Schloss Sanssouci erbauen, die Bildergalerie. Früh erkannte Friedrich das Genie des Antoine Watteau und besaß schließlich mehrere seiner Bilder. Von Baron Philipp von Stosch erwarb Friedrich eine große Sammlung an Gemmen und Kameen. Den betenden Knaben ließ er so aufstellen, dass er ihn von seiner Bibliothek im Schloss Sanssouci aus sehen konnte. Die Stosch'sche Sammlung und vor allem der betende Knabe gehören heute zu den wichtigsten Schätzen der Antikensammlung im Alten Museum in Berlin. Zur Ausstattung des neuen Flügels des Charlottenburger Schlosses erwarb Friedrich für 36 000 Taler die große Antikensammlung des Grafen Polignac. Friedrich kaufte auch die Königliche Porzellanmanufaktur.

Friedrich war darüber hinaus musikalisch sehr begabt, er spielte seit seiner Jugend und bis zu seinem Tode fast täglich Querflöte und komponierte selbst. Nachdem er die Thronfolge angetreten hatte, stellte er ein Kammerorchester zusammen, holte Johann Joachim Quantz, der ihn seit seiner Jugend unterrichtet hatte, an seinen Hof und gab Carl Philipp Emanuel Bach, einem Sohn des großen Johann Sebastian Bach, eine Stelle als Cembalist. Die Musik des Vaters war dem preußischen König dagegen zu kompliziert. Selbst das »Musikalische Opfer«, das Johann Sebastian Bach Friedrich dem Großen gewidmet hatte, fand bei Friedrich nicht die erhoffte Aufmerksamkeit. Friedrich war ganz seinem seit Langem festgelegten Geschmack verhaftet. Er liebte die Musik von Quantz, die der heute nicht mehr sehr bekannten Brüder Graun und von Johann Adolph Hasse. Alles andere war jenseits seiner Aufnahmebereitschaft. Kein Telemann, Händel, Gluck, Mozart oder Bach konnten ihn begeistern.

Auch auf anderen Gebieten war der König tätig: So gab er dem Rechtssystem eine neue Ordnung (*Corpus Juris Fridericianum*). Es ging ihm dabei um eine beschleunigte Behandlung vorliegender Fälle und besonders um die Durchsetzung von Recht und Gerechtigkeit in Staat und Gesellschaft sowie um die Verhinderung von Willkür und Amtsmissbrauch. Auch wenn sich bereits seine Vorfahren dem Thema der Rechtssicherheit im Lande gewidmet hatten, so war doch speziell für Friedrich dieser Bereich schon früh von zentraler Bedeutung. Vielfalt und Widersprüchlichkeiten in den Rechtssystemen verschiedener Landesteile sollten einer einheitlichen Rechtsauffassung untergeordnet werden.

Friedrich schaffte bereits 1740 die Folter ab, verbot das Ertränken von Kindsmörderinnen und untersagte die öffentliche Kirchenbuße. Er hatte in Samuel von Cocceji, der schon unter seinem Vater Justizminister war, einen besonders klugen und erfahrenen Ratgeber, dem er im Jahre 1747 den Auftrag gab, das Justizwesen insgesamt zu reformieren. Auch wenn Friedrich in seinem *Politischen Testament* darlegte, der König habe nicht in Rechtsangelegenheiten einzugreifen, sah er sich doch als letzte Instanz, sodass er gelegentlich auch selbst in einem Rechtsverfahren tätig wurde. Wie sehr Friedrich die Rechte der Bürger achtete und aus welchem Grundverständnis heraus er sich als »erster Diener« seines Landes ansah, wird aus einem Satz in dem Text von 1752 erkennbar:

»Geht man jedoch auf den Ursprung der bürgerlichen Gesellschaft zurück, so ist es ganz augenscheinlich, dass der Herrscher keinerlei Recht über die Denkungsart der Bürger hat. Müsste man nicht von Sinnen sein, um sich vorzustellen, Menschen hätten zu einem ihresgleichen gesagt: Wir erheben Dich über uns, weil wir gern Sklaven sein wollen, und wir geben Dir die Macht, unsere Gedanken nach Deinem Willen zu lenken? Sie haben im Gegenteil gesagt: Wir bedürfen Deiner, damit die Gesetze, denen wir gehorchen wollen, aufrechterhalten werden, damit wir weise regiert und verteidigt werden; im Übrigen verlangen wir von Dir, dass Du unsere Freiheit achtest.«[2]*

In gleicher Weise sah Friedrich sich verpflichtet, sorgfältig mit den Staatsfinanzen umzugehen:

»Der Fürst soll sparsam sein, weil das Geld, das er empfängt, Blut und Schweiß des Volkes ist, und er es zum Besten des ganzen Staatskörpers verwenden muss.«[2]*

König Friedrich II. verfolgte daher auch das Ziel, die Lage der abhängigen Landleute zu verbessern, wusste aber, dass ihm hier Grenzen gesetzt waren, die er nur widerwillig akzeptierte:

»In den meisten Staaten Europas gibt es Provinzen, wo Bauern an die Scholle gefesselt sind, als Leibeigene ihrer Edelleute. Von allen Lagen ist dies die unglücklichste und muss das menschliche Gefühl am tiefsten empören. Sicherlich ist kein Mensch dazu geboren, der Sklave von seinesgleichen zu sein. Mit Recht verabscheut man diesen Missbrauch und meint, man brauche nur zu wollen, um die barbarische Unsitte abzuschaffen. Dem ist aber nicht so; sie stützt sich auf alte Verträge zwischen dem Grundherrn und den Ansiedlern.

Der Ackerbau ist auf der Bauern Frondienste zugeschnitten. Wollte man diese widerwärtige Einrichtung mit einem Male abschaffen, so würde man die ganze Landwirtschaft über den Haufen werfen. Der Adel müsste dann für einen Teil der Verluste, die er an seinen Einkünften erleidet, Entschädigung erhalten.«[2]

Immerhin setzte Friedrich durch, dass die Bauern »statt sechs Tage in der Woche, wie früher, nur drei Tage zur Frone« zu arbeiten hatten.

Wie bereits nach dem Ersten Schlesischen Krieg förderte Friedrich Verkehr und Handel fortdauernd mit großem persönlichem Einsatz. So baute er ab 1745 mehrere Kanäle in Berlin und im Umland, ließ Sumpfgebiete urbar machen, Deiche im unteren Odertal erstellen und einen Hafen bei der

20 Pierre Louis
Moreau de
Maupertuis

Odermündung bauen, wodurch Stettin eine Blüte als Handelsstadt erlebte. In vielen Städten entstanden neue Fabriken.

Friedrich förderte daneben die Wissenschaft, berief Pierre Louis Moreau de Maupertuis 1746 zum Präsidenten der Akademie, lud Voltaire nach Potsdam ein, wo das Schloss Sanssouci inzwischen fertiggestellt war, und unterhielt einen jahrelangen Briefverkehr mit seinen Freunden: Jean Baptiste Marquis d'Argens, Schriftsteller und Philosoph, Jean d'Alembert, Mathematiker, und vielen anderen namhaften Wissenschaftlern.

Voltaire kam fünfmal nach Potsdam, am längsten währte sein Aufenthalt in den Jahren 1750 bis 1753. Dieser letzte Besuch endete mit einem Eklat und der Flucht Voltaires. Voltaire hatte sich in einer Schrift gegen Maupertuis gewandt und ihn darin lächerlich gemacht. Auf Bitten des Königs versprach er zunächst, diese Schrift nicht zu veröffentlichen, tat es dann aber dennoch. Dies führte zum Bruch, denn Friedrich billigte unter keinen Umständen die öffentliche Beleidigung seines Akademiepräsidenten. Er ging sogar so weit, Voltaires Schrift öffentlich verbrennen zu lassen, was den Fall europaweit bekannt machte, da es Nachdrucke in anderen Ländern gab. Friedrich ließ Voltaire und sogar dessen Nichte in Frankfurt vorübergehend festnehmen, aus Sorge, Voltaire würde ein bislang unveröffentlichtes Gedichtbändchen Friedrichs, das er bei sich trug, in den Druck bringen. Erst nach fünf Wochen wurde Voltaire und seiner Nichte die Weiterreise gestattet. Das Zerwürfnis war tief, und dennoch nahmen Friedrich und Voltaire, der schließlich einen versöhnlichen Brief schrieb, die Korrespondenz schon 1754 wieder auf. Die ursprüngliche Nähe der Beziehung ließ sich jedoch nicht wiederherstellen.

Schon als Kronprinz hatte Friedrich zur Unterstützung seines Studiums der Philosophie und der Bearbeitung der Literatur einen Vorleser gehabt. Charles Etienne Jordan wurde als erster von insgesamt sieben Vorlesern im Jahr 1736 eingestellt. Jordan und alle nachfolgenden Vorleser hatten weitreichende Aufgaben, zu denen auch die Erledigung der Korrespondenz gehörte.

Besonders aber lag dem Kronprinzen und später dem König am Herzen, durch die Vorleser einen Überblick und Einblick in die gesamte philosophische Literatur zu erhalten. Aus den täglichen Gesprächen zu Themen, die für den König von hohem intellektuellem Wert waren, erwuchsen tiefe Freundschaften, wie die zahlreichen Briefe, beispielsweise aus der Korrespondenz zwischen dem König und Jordan, bezeugen. Auch zu Claude Etienne Darget, der dem König von 1746 bis 1752 als Sekretär diente, hatte Friedrich eine gute Beziehung. Es gab aber auch weniger glückliche Besetzungen als Vorleser, wie die des Abbé Jean Martin de Prades. Dieser ließ sich in eine Spitzelaffäre zu Beginn des Siebenjährigen Krieges hineinziehen und wurde daraufhin bis zum Ende des Krieges in Magdeburg festgesetzt. Der König schrieb dazu:

»Er hat sich zum Sammler von Neuigkeiten hergegeben, und weil diese Beschäftigung mitten im Krieg nicht eben wünschenswert ist, so hat man ihm bis zum künftigen Friedensschluss ein Plätzchen angewiesen, von wo es gewiss keine Neuigkeiten zu berichten gibt.«[22]

Henri de Catt, der Nachfolger des Abbé de Prades, war 20 Jahre lang Vorleser und Privatsekretär des Königs in dessen schwierigster Lebensphase, dem Siebenjährigen Krieg. Die herausragende Leistung des ständigen Begleiters des Königs war, dass er die Unterhaltungen mit ihm in einer Art Tagebuch festhielt und damit der Nachwelt einen unermesslichen Schatz vermachte, der einen tiefen und genauen Einblick in das Denken und Fühlen Friedrichs während der Schlachten des Dritten Schlesischen Krieges vermittelt. Friedrich ließ sich in der Friedenszeit trotz seiner vielfältigen Aktivitäten und Interessen nicht davon ablenken, die europäische Politik sorgfältig zu beobachten und selbst in die Dynamik der Beziehungen einzugreifen. Vor allem war es ihm wichtig, sein Heer auf einem hohen Stand der Einsatz- und Leistungsbereitschaft zu halten. Mit großer Energie verfolgte er daher sein Ziel, die Armee mit allen ihren Abteilungen auszubilden und in allen möglichen Angriffs- und Bewegungsformen zu exerzieren. Er ließ die besten Reiterführer aus Ungarn kommen, um die Kavallerie reaktionsfähiger, schneller und taktisch noch klüger zu machen:

»*In allen Provinzen wurden die Truppen regelmäßig in Lagern versammelt, um in den Kriegsmanövern ausgebildet zu werden. Die Infanterie übte sich in den verschiedenen Arten des Aufmarsches, in Gefechtsformationen, im Angriff auf dem freien Felde und gegen befestigte Stellungen, in der Verteidigung von Ortschaften und Verschanzungen, in Flussübergängen, in verdeckten Rückzugsabmärschen, in Rückzügen, kurz in allen Manövern, die vor dem Feind in Betracht kommen. Die Kavallerie übte sich in den verschiedenen Angriffsarten, geschlossen und mit Abständen, im Einholen von trockner und grüner Fourage, in verschiedenen Formationen, im Einhalten angegebener Richtungspunkte zum Aufmarsch in Linie.*«[2]

Nie haben meine Truppen solche Wunder der Tapferkeit getan

In Österreich war Wenzel Graf Kaunitz-Rietberg im Jahr 1752 Staatskanzler geworden. Er teilte mit Maria Theresia einen tiefen Hass und Rachegefühle gegen Preußen. Kaunitz ruhte nicht, gemeinsam mit Heinrich Graf Brühl, der schon im Zweiten Schlesischen Krieg der unterlegene Widersacher Friedrichs gewesen war, in Russland Stimmung gegen Preußen zu machen. Dort fanden sie ein offenes Ohr, denn Kaiserin Elisabeth von Russland stand Friedrich, der sich wiederholt über ihren Charakter mit sarkastischen Bemerkungen geäußert hatte, sehr negativ gegenüber.

In Frankreich konnte die Marquise von Pompadour als Mätresse des Königs Ludwig XV. außerordentlichen Einfluss gewinnen. Friedrich, der das Mätressenwesen in Frankreich und die Pompadour als Person verachtete und daraus keinen Hehl machte, hatte sich damit die Feindschaft der Marquise zugezogen. Unter dem Einfluss und den ständigen gezielten Bemühungen des Grafen Kaunitz, der vor seiner Ernennung zum Staatskanzler in Wien einige Jahre österreichischer Botschafter in Paris gewesen war, näherten sich Frankreich und Wien einander an, sodass im Jahr 1756 ein förmliches Bündnis beider Länder entstand.

Es war das erklärte Ziel Kaunitz', nicht nur Schlesien einschließlich der Grafschaft Glatz zurückzugewinnen, sondern

21 *Wenzel Anton Graf*
von Kaunitz-Rietberg

Preußen wieder zu einem relativ unbedeutenden Land zweiter Ordnung zurückzustutzen und König Friedrich zu vernichten. Um Preußen von allen Seiten militärisch zu bedrängen, das wusste Graf Kaunitz, würde er ein Bündnis mit
Frankreich, Russland, Schweden und Sachsen eingehen müssen. Schwedens König und Königin, eine der Schwestern
Friedrichs, hatten durch einen Umsturz allen Einfluss an den
von französischem Geld abhängigen Reichsrat verloren. An
ein Bündnis Schwedens mit Preußen war also nicht zu denken.

Es blieb England, das mit Frankreich in Auseinandersetzungen in Nordamerika und Indien stand und in diesem Zusammenhang auch einen Seekrieg gegen Frankreich führte. Für
König George II. war es von großer Bedeutung, durch ein
Bündnis mit Preußen eine mögliche Gefahr von seinem Kur-

fürstentum Hannover abzuwenden. Mit dem Bündnis zwischen England und Preußen, der sogenannten *Westminster-Konvention* vom 16. Januar 1756, verpflichtete sich Preußen, Hannover gegen einen französischen Angriff zu verteidigen. Auch wenn Friedrich sich ausgiebig bemühte, Frankreich gegenüber die Vereinbarung mit England zu relativieren und herunterzuspielen, führte diese Konvention dennoch dazu, dass Frankreich mit Österreich im Versailler Vertrag vom 1. Mai 1756 das bisherige Defensivbündnis in ein Offensivbündnis umwandelte.

Friedrich war von dieser Entwicklung nicht allzu beunruhigt, denn er sah es als gesetzmäßig an, dass »es nie im französischen Interesse liegen wird, die Vergrößerung des Hauses Österreich zu fördern«[2].

Zwar war es Kaunitz gelungen, mit den verschiedenen Ländern, die Preußen umgaben – Russland, Schweden, Frankreich, Sachsen –, in Einzelabkommen Bündnisse gegen Preußen zu verabreden, jedoch waren die Kriegsziele der Bündnispartner wegen der jeweils eigenen Interessen uneinheitlich. Dieser Mangel an Einheit und das gegenseitige Misstrauen waren entscheidend für den Ausgang des heraufziehenden Krieges. Eine zentrale Führung und Leitung der militärischen Operationen der Allianz war von vornherein ausgeschlossen, da sich die Bündnispartner einer Vorherrschaft des Kaiserhauses widersetzten.

Als Österreich Truppen in Böhmen zusammenzog und Russland ein Heer nach Litauen verlegte, schrieb Friedrich an Maria Theresia, um Auskunft über das Ziel der Bewegungen in Böhmen zu erhalten. Als auch ein zweiter Brief, der am 2. August 1756 abgeschickt worden war, in dem König Friedrich II. auf einer Zusage bestanden hatte, weder in diesem, noch im kommenden Jahr angegriffen zu werden, sehr ausweichend beantwortet wurde, entschied Friedrich, die verbleibende Zeit des Jahres zu nutzen und den Krieg zu beginnen. Zu diesem Zeitpunkt war er im Vorteil, denn seine Kontrahenten hatten ihre Vorbereitungen noch nicht abgeschlossen. Die gegnerische Seite hatte es darauf abgesehen, Friedrich erneut in die Situation zu bringen, Angreifer sein zu müssen und als solcher in Europa zu gelten. Seine Verbündeten waren allein England, Braunschweig und Hessen-Kassel.

In einem *Entwurf eines Manifestes gegen Österreich* vom Juli 1756 und sehr viel ausführlicher in seiner im August 1756 verfassten *Darlegung der Gründe, die Se. Majestät den König von Preußen gezwungen haben, den Anschlägen des Wiener Hofes zuvorzukommen* legte Friedrich den Lauf der Dinge bis zu der unvermeidbaren Entscheidung, den Krieg zu beginnen, dar:

»Seit dem Abschluss des Dresdener Friedens hat der Wiener Hof mit allen Mitteln geflissentlich darauf hingearbeitet, diesen Frieden zu erschüttern oder zu brechen. Sowohl offen wie auf geheimen Wegen strebte er diesem Ziele zu.«[2]

Friedrich nennt die Briefe, die er an den Wiener Hof gesandt hatte und auf die er nur ausweichende Antworten erhalten hatte, und fährt fort:

»Nachdem also der König alles erschöpft hat, was man von seiner Mäßigung erwarten konnte, hofft er, dass ganz Europa ihm die schuldige Gerechtigkeit erweisen und überzeugt sein wird, dass nicht der König, sondern der Wiener Hof den Krieg gewollt hat. Wünscht die Kaiserin ehrlich den Frieden, wie sie es glauben machen will, warum erklärt sie es dann nicht in deutlichen Ausdrücken und in aller Form, als man ihr die Entscheidung in die Hand legte? Ihre

zweideutige Antwort jedoch, die alle möglichen Auslegungen zuließ,
und die beständige Verweigerung der einzigen Erklärung, die den
König beruhigen konnte, ist in der Tat nichts als das schweigende Ein-
geständnis der gefährlichen Absichten, die man ihr vorwirft (...).«[2]

Friedrich wusste, dass seine Gegner ihre Kriegsziele längst de-
finiert hatten: Russland wollte Ostpreußen an sich bringen,
Österreich natürlich Schlesien, Schweden wollte seine Position auf dem Festland durch die Erweiterung seines Besitzes
in Pommern verstärken, Sachsen dachte an Magdeburg und
Halle, die Franzosen an Cleve und Wesel.
Verteilt werden würde aber erst am Ende des sich anbahnen-
den Krieges.
Außer Hans Karl von Winterfeldt rieten dem preußischen
König alle Generäle von einem neuen Feldzug ab, die Brüder des Königs waren entsetzt: »Sollen wir glauben«, so August Wilhelm, »dass Ew. Majestät dieser Übermacht Herr
zu werden hoffen! Die größten Mächte Europas, die öffentliche Meinung des Erdteils sind gegen uns! Und das Recht?
Ach, Sire, es ist nicht für uns.«[19]
Dennoch ließ Friedrich am 29. August 60 000 Mann preußischer Truppen in das völlig unvorbereitete Sachsen einmar-
schieren. Viele Städte, darunter Leipzig, Torgau und Witten-
berge wurden ohne Widerstand besetzt, Friedrich nahm
ungehindert Dresden ein. König August III. und Brühl hatten Dresden bereits verlassen und sich in das Lager bei Pirna
zurückgezogen. Die Waffen aus den Zeughäusern verschiedener Städte wurden von den Preußen übernommen, alle
kurfürstlichen Kassen im Lande beschlagnahmt. Friedrichs
Gegner stellten dies als Landfriedensbruch dar, der Kaiser
(Franz I.) ermahnte Friedrich, er solle »von seiner unerhör-
ten, höchst frevelhaften und sträflichen Empörung ablassen,

dem Könige von Polen alle Kosten erstatten und still und ruhig nach Hause gehen«.

Das uneinnehmbare sächsische Lager bei Pirna, in dem August sich verschanzt hatte, wurde von der preußischen Armee belagert und von der Versorgung abgeschnitten.

Die ständige Korrespondenz zwischen Friedrich und August, mit der Friedrich eine verlässliche Neutralität Sachsens erreichen wollte, führte nicht zu dem gewünschten Ergebnis, sondern nur dazu, dass kostbare Zeit ins Land ging und die Österreicher zwei Korps an der Grenze zwischen Sachsen und Schlesien zusammenzogen. Friedrich ließ daraufhin einen für die Belagerung der Festung erforderlichen Teil der Truppe zurück und marschierte mit dem anderen Teil in Richtung Grenze, um dort den Österreichern entgegenzutreten.

Bei Lobositz an der Elbe trafen die feindlichen Truppen aufeinander. Am 1. Oktober kam es zu einer denkwürdigen Schlacht, wobei die Sicht durch Nebelbildung eingeschränkt war und Friedrich meinte, nur einem kleineren vorausgesandten Teil des gegnerischen Heeres gegenüberzustehen. In Wirklichkeit war das gesamte österreichische Heer dort versammelt mit doppelt so vielen Soldaten wie in der preußischen Aufstellung.

Die Preußen gewannen dennoch nach mehreren Angriffs- und Rückzugsbewegungen die Überhand, drangen in den Ort Lobositz ein, zwangen die dort stationierten österreichischen Bataillone zur Räumung des Ortes, verfolgten die Feinde und schlugen sie in die Flucht. Am frühen Nachmittag war der Sieg errungen. »*Nie haben meine Truppen solche Wunder der Tapferkeit getan, seit ich die Ehre habe, sie zu kommandieren*«[2], schrieb Friedrich dazu.

Blieb noch das Lager der Sachsen bei Pirna aufzulösen. Da die Österreicher, anders als verabredet, nicht nach Pirna vor-

22 *Friedrich*
begrüßt
die Familie
August III.

dringen konnten, sondern sich schließlich nach Böhmen zurückzogen, blieb den Sachsen nichts anderes übrig, als zu kapitulieren. August III. bat um freien Durchzug nach Polen, wohin er am 20. Oktober mit seinen beiden Söhnen und Brühl abreiste.

Inzwischen festigten sich die gegnerischen Koalitionen. Frankreich plante den Marsch über den Rhein und einen Angriff auf Hannover und Preußen. Schweden sollte nach Vorpommern ziehen und Preußen von Norden her angreifen. Russland erneuerte sein Bündnis mit Österreich gegen Preußen.

Friedrich versorgte sich mit Geldmitteln aus Sachsen, indem er dem Land eine Kriegssteuer auferlegte, große Porzellanvorräte aus der Meißner Manufaktur veräußerte und Geldmittel aus der Staatskasse sicherstellte. Das Schloss aber und die dortigen Kunstschätze ließ er unberührt. Er besuchte während des Winters, den er zum größten Teil in Dresden verbrachte, häufig die Gemäldegalerie des Schlosses und erhielt Anregungen für seine eigene in Potsdam. Auch genoss er die Aufführungen in der Oper und zahlreiche Konzerte.

Alles Schwere kommt auf einmal über mich

Am 22. Januar 1757 wurde die *Konvention von St. Petersburg* unterschrieben, in der sich Russland und Österreich verpflichteten, je 80 000 Mann zur Verfügung zu stellen, mit dem Ziel, Preußen zu vernichten und Schlesien an Österreich zurückzugeben.

Friedrich verfolgte das Ziel, zunächst seinen österreichischen Gegner zu schwächen, indem er mit seiner Armee nach Böhmen vorrückte, um bei Prag eine erste Entscheidung herbeizuführen. Am 6. Mai 1757 kam es dort zu einer für beide Seiten verlustreichen Schlacht, die Preußen zwar für sich entscheiden konnte, in deren Verlauf jedoch Graf Schwerin fiel und General Winterfeldt schwer verwundet wurde.

Ein schneller Sieg konnte also gegen die Österreicher nicht errungen werden. Während die Belagerung von Prag länger dauerte als erhofft, waren die Franzosen schon bis nach Westfalen vorgedrungen. Schweden und Russland bereiteten sich auf eigene Angriffe vor.

Der preußische König geriet unter Druck und sah nur in einem schnellen Angriff die Möglichkeit, Herr der Lage zu bleiben. Er überhörte die Warnungen seiner Generäle. Auch nahm er Berichte über die Größe der österreichischen Truppen und deren überlegen günstige Stellungen nicht auf.

Während der Schlacht bei Kolin am 18. Juni änderte Fried-

rich den Schlachtplan ohne erkennbaren Grund. Es kam zu
schwersten Kämpfen, in die auch die sächsische Reiterei gegen Preußen eingriff. Friedrich, der noch nicht aufgeben
wollte, drang immer wieder gegen den Feind vor, fand aber
schließlich nur noch seinen Adjutanten neben sich, der fragte: »Sire, wollen Sie denn die Batterie allein erobern?« Friedrich sah ein, dass die Schlacht verloren war, und zog sich zurück.

Dies war die erste verlorene Schlacht des Königs. 13 000
Mann waren gefallen, darunter viele erfahrene Offiziere.
Friedrich war verzweifelt und zutiefst erschöpft.

Zu dem großen militärischen Unglück kam der Tod von
Friedrichs Mutter hinzu, die am 28. Juni 1757 im Alter von
70 Jahren starb. Friedrich war über den Verlust tief betroffen
und schrieb über seine Trauer an seine Schwester Amalie:

»Meine liebe Schwester,
Alles Schwere kommt auf einmal über mich. Ach, meine geliebte
Mutter! Guter Gott, so werde ich nicht mehr den Trost haben, dich
wiederzusehen. Gott, Gott, welches Verhängnis für mich! Ich bin
mehr tot als lebendig. Ich erhielt einen Brief von der Königin, der
mich von allem unterrichtet. Vielleicht hat der Himmel unsere teure
Mutter von der Erde genommen, damit sie nicht all das Unheil un-
seres Hauses miterlebt. Ich bin außerstande, liebe Schwester, Dir hier-
zu noch mehr zu sagen.
Ich umarme Dich von ganzem Herzen.«[3]

An seine Schwester Wilhelmine schrieb er am 5. Juli 1757:

»Meine liebe Schwester,
Ich benutze den Kurier von Plotho, der nach Regensburg geht, um
Dir von dem neuen Leid, das uns niederdrückt, Mitteilung zu ma-
chen. Wir haben keine Mutter mehr. Dieser Verlust überbietet alles,
was mir je Schmerzliches widerfuhr. Dabei bin ich gezwungen zu
handeln und habe gar nicht die Zeit, meinen Tränen einmal freien
Lauf zu lassen. Vergegenwärtige Dir diese Lage für ein empfindsa-
mes Herz, das auf eine so grausame Probe gestellt wird. Alle Verlus-
te in der Welt sind zu ersetzen, nur die, die der Tod bringt, geben
keiner Hoffnung Raum. Doch genug über einen so betrübenden Ge-
genstand. Ich bitte den Himmel, dass er Dich erhalte, sonst hätte ich
ja fast gar keine Freunde mehr in der Welt. Ich bin mit vollkomme-
ner Zärtlichkeit, liebe Schwester, Dein getreuster Bruder und Diener
Friedrich.«[3]

Über den Kummer und die großen Sorgen, die ihn nieder-
drückten, entstand auch ein regelmäßiger Briefwechsel mit
seinem Freund d'Argens:

»*Mein lieber Marquis, Sehen Sie in mir eine Mauer, in die das Schicksal seit zwei Jahren Bresche gelegt hat. Von allen Seiten bin ich erschüttert. Häusliches Unglück, geheimer Kummer, öffentliches Missgeschick, bevorstehende Nöte – das ist meine Nahrung. Glauben Sie indes nicht, dass ich nachgäbe. Und wenn Himmel und Erde zusammenstürzen, ich lasse mich unter ihren Trümmern mit derselben Kaltblütigkeit begraben, mit der ich Ihnen diese Zeilen schreibe. In solchen schicksalsvollen Zeiten muss man sich ein eisernes Gemüt und ein ehernes Herz anschaffen, um jedes Gefühl zu verlieren. (…) Sie sind zu weit entfernt von hier, um sich eine Vorstellung von der Krisis zu machen, in der wir uns befinden, und von den Schrecknissen, die uns umgeben. Denken Sie bitte an den Verlust meiner Liebsten, die mir Schlag auf Schlag entrissen wurden, und an all das Unglück, das ich voraussehe und das mit Riesenschritten auf mich zueilt. Kurz, was unterscheidet meine Lage noch von der des armen Hiob?*

Wie meine schwache Gesundheit all diesen Stürmen widersteht, weiß ich nicht, und ich wundere mich selbst, dass ich mich in Lagen aufrechterhalte, bei deren Anblick ich noch vor drei Jahren geschaudert hätte. Das ist ein wenig erfreulicher und tröstlicher Brief, aber ich schütte mein Herz aus und schreibe Ihnen mehr, um es zu erleichtern, als um Sie zu unterhalten. Schreiben Sie mir bisweilen und seien Sie meiner Freundschaft versichert. Leben Sie wohl. Die Philosophie, mein Lieber, ist recht gut zur Linderung vergangener und künftiger Leiden, aber den gegenwärtigen hält sie nicht stand.«[3]

Nachdem Friedrich die Belagerung Prags am 20. Juni aufgegeben hatte, zog er sich nach Sachsen zurück, wobei er selbst die Armee westlich der Elbe führte. Die Verantwortung für das östliche Korps hatte er seinem Bruder Prinz August Wilhelm von Preußen übertragen. Gegen dieses Heer wandte sich Feldmarschall Leopold Joseph Graf Daun mit einer deutlichen Übermacht. August Wilhelm berichtete seinem Bruder von der drohenden Gefahr, ohne aber Gehör zu finden. So entschied der Prinz, sich in Richtung Zittau zurückzuziehen, wählte dazu aber einen so ungünstigen Weg, dass Daun, der auf einer kürzeren Route marschierte, Zittau zuerst erreichte und dort alle Magazine zerstörte. Auch der Ort Gabel geriet in die Hände der Feinde. August Wilhelm vermied erneut den Kampf, während der Prinz von Lothringen mit seinen österreichischen Truppen Zittau angriff und die Handelsstadt zerstörte. Diese Misserfolge führten zu einem tiefen Zerwürfnis zwischen Friedrich und seinem Bruder August Wilhelm, der unehrenhaft von seinem Kommado entbunden wurde und ein Jahr später starb.

Die Lage für Friedrich wurde immer verzweifelter. Braunschweig war bereits von den Franzosen besetzt, das russische Heer in Ostpreußen eingedrungen. Bei Groß-Jägersdorf kam es am 30. August 1757 zur Schlacht. Die Preußen, die von dem Feldmarschall Lehwald geführt wurden, konnten den Gegnern zwar große Verluste zufügen, der Ausgang der Schlacht blieb jedoch unentschieden, von manchen, auch von Friedrich, wurde sie als Niederlage angesehen. Die Schweden waren nach Stralsund übergesetzt und nach Pommern und in die Uckermark vorgedrungen. Sie belagerten Stettin. Ein französisches Korps hatte sich Ende August mit der kleinen Reichsarmee in Thüringen vereinigt und bereits Erfurt eingenommen.

General Winterfeldt war zusammen mit mehreren Generälen in Gefechten mit einem österreichischen Korps bei Moys gefallen. Dies war wegen des engen Vertrauensverhältnisses zwischen dem König und Winterfeldt ein besonders schwerwiegender Verlust für Friedrich. Das große Selbstbewusstsein des preußischen Heeres war durch die jüngst verlorenen

Schlachten ins Wanken geraten. Friedrich war von all diesen unübersehbaren Gefahren zutiefst bedrückt und geriet in eine depressive Verfassung. In Gedichten aus dieser Zeit und aus Briefen klingen Gedanken an den Tod an. So auch in einem Brief an seinen Freund d'Argens, dem er ein Gedicht beifügte, in dessen letzter Strophe:

»Und wenn der Frühling neu erscheint und dir
Aus reichem Schosse holde Blumen beut,
Dann jedes Mal, mit Myrten und mit Rosen,
Sollst schmücken Du mein Grab.«[11]

Friedrich teilte seine Empfindungen und Gedanken in dieser sehr kritischen Zeit bevorzugt mit seiner Schwester Wilhelmine, die ihm seit den Jugendtagen die engste Vertraute war:

»Aber kaum bin ich hier hergeeilt, um mich neuer Feinde zu erwehren, wird Winterfeld bei Görlitz geschlagen und getötet, dringen die Franzosen in das Herz meiner Staaten vor und belagern die Schweden Stettin. Für mich gibt es nichts Gutes mehr zu tun; es sind der Feinde zu viele. Selbst wenn ich zwei Heere schlagen würde, das dritte würde mich vernichten. Ich habe schon so viel überstanden: die verlorenen Schlachten bei Kolin und Jägersdorf in Ostpreußen, den unglückseligen Rückzug meines Bruders und den Verlust des Magazins von Zittau, die Einbuße aller meiner westfälischen Provinzen, das Unglück und den Tod Winterfeldts, die Besetzung Pommerns, Magdeburgs und des halberstädtischen Landes, die Untreue meiner Verbündeten. Ich bin fest entschlossen, noch gegen das Missgeschick zu kämpfen; aber zur gleichen Zeit bin ich ebenso entschlossen, meine Schande und die Schmach meines Hauses nicht zu unterzeichnen. Das, meine liebe Schwester, geht im Innersten meiner Seele vor.«[20]

Und wenige Tage später wieder an seine Schwester:

»Meine Lage ist grausam; das Ende kann furchtbar und tragisch sein. Ich gestehe, dass ich kaum noch zu schreiben vermag; mein Gemüt ist so niedergedrückt, die Dinge stehen mir so unmittelbar vor Augen, dass meine Kraft nicht länger ausreicht, um so starke und grausame Empfindungen abzuschwächen.«[20]

Voltaire, dem Friedrich ebenfalls über seine verzweifelte Lage berichtet hatte, versucht, den König von seinen Selbstmordgedanken abzubringen:

»Sire, Ihr Brief aus Erfurt ist voller bewunderungswürdiger und bewegender Stellen. Immer haftet allem, was Sie tun und was Sie schreiben, etwas Schönes an. (…) Es geht um Sie und darum, wie der ganze gesund empfindende Teil des Menschengeschlechts und die Philosophie an Ihrem Ruhm und Ihrem Weiterleben Anteil nehmen. Sie wollen sterben. Ich sage Ihnen hier nichts von dem schmerzvollen Grauen, das dieser Plan einflößt; ich beschwöre Sie, wenigstens zu bedenken, dass Sie, angesichts des hohen Ranges, den Sie einnehmen, kaum einzuschätzen vermögen, was die Menschen denken, wie der Geist dieser Zeit empfindet. (…)
Sie lieben den Ruhm, setzen ihn heute darein, auf eine Weise zu sterben, die andere Menschen selten in Erwägung ziehen und die kein Herrscher Europas seit dem Fall des römischen Reiches je erwog. Aber ach! Sire, da Sie den Ruhm lieben, wie können Sie sich da auf eine Tat versteifen, durch die Sie ihn verlieren werden? Ich habe Ihnen bereits den Kummer Ihrer Freunde geschildert, das Triumphieren Ihrer Feinde sowie die Schmähungen einer gewissen Sorte Mensch, die feige ihre Pflicht darin sehen wird, eine hehre Tat in den Schmutz zu ziehen. (…)
Sie wissen, an wie vielen Höfen man ihren Einfall in Sachsen hart-

näckig als Bruch des Völkerrechts ansieht. Was wird man an diesen Höfen sagen? Dass Sie diese Invasion an sich selbst gerächt hätten, dass der Kummer, gegen das Recht verstoßen zu haben, Sie übermannt hätte. Voreiliger Verzweiflung wird man Sie zeihen, wenn ruchbar wird, dass Sie in Erfurt, als Sie noch Herr über Schlesien und Sachsen waren, diese unheilvolle Entscheidung gefällt haben. (…) Man wird Ihnen nicht gerecht werden, doch Ihr Name wird leiden.«[13]

Friedrich gelang es, durch die geistige Auseinandersetzung mit den ihn bedrängenden Gefahren und durch Analyse der Fehler seiner Heerführung sich wieder zu ordnen und erneut Hoffnung zu schöpfen. Dieser Geist der Stärke ging auf das preußische Heer über und gab den Truppen neue Zuversicht und neuen Kampfesmut. Um den Feind zu täuschen und das Heer größer erscheinen zu lassen, als es war, wurden einzelne Abteilungen in Dörfern verteilt, sie wechselten die Quartiere aber häufig und zogen unter immer neuem Namen ein. Friedrich wandte sich zunächst wieder gegen die französischen Truppen, die bereits auf Leipzig marschiert waren, und konnte diese bis an die Saale zurückdrängen. Dort, so Friedrichs Hoffnung, sollte es zu der ersehnten Schlacht kommen. Die preußische Armee bezog ein Lager in der Nähe von Roßbach, westlich von Leipzig.

Am 5. November kam es zur Schlacht. Die von Seydlitz geführte Kavallerie konnte sich hinter einer Hügelreihe verborgen halten. Auch die nachfolgende Infanterie blieb unerkannt. Die Franzosen schätzten sich in der Lage, den Preußen in den Rücken fallen zu können. Sie waren jedoch bereits von Seydlitz' Kavallerie umgangen, sodass dieser sie nun von hinten angriff. Von vorne wurde der Feind durch die Infanterie und die Geschütze bedrängt. In weniger als zwei

Stunden hatten 22 000 Preußen über 50 000 Franzosen und Kaiserliche geschlagen.

Friedrich erwarb sich die größte Anerkennung in der Welt nicht nur durch diesen überragenden Sieg, sondern in gleichem Maße dadurch, wie er mit den Feinden umging. So besuchte er den sterbenden französischen General Custine in Leipzig, der Friedrich mit den Worten dankte: »Ach Sire, Sie sind größer als Alexander. Dieser quälte seine Gefangenen, Sie aber gießen Öl in ihre Wunden.«[32]

»Endlich, teure Schwester«, schrieb Friedrich kurz darauf an Wilhelmine, *»kann ich Dir etwas Gutes melden. Du wusstest ohne Zweifel, dass die Franzosen nebst der Reichsarmee Leipzig einnehmen wollten. Ich bin herbeigeeilt und habe sie über die Saale zurückgejagt. (…) Das war eine sanfte Schlacht. Gottlob hatte ich keine 100 Tote. Mein Bruder Heinrich und General Seydlitz haben leichte Streifschüsse am Arm. Wir haben alle Kanonen des Feindes erbeutet; seine Verwirrung ist vollständig; ich bin in vollem Marsche, um ihn über die Unstrut zurückzuwerfen. Nach so viel Aufregung dank dem Himmel ein günstiges Ereignis! Es wird heißen, dass 20 000 Preußen 50 000 Franzosen und Deutsche geschlagen haben. Jetzt werde ich zufrieden ins Grab steigen, seit der Ruhm und die Ehre meines Volkes gerettet sind. Wir können wohl noch unglücklich sein, aber nicht mehr ehrlos.*

Du, meine liebe Schwester, meine gute, göttliche und liebevolle Schwester, die Du so gütig am Schicksal eines Bruders, der Dich anbetet, teilnimmst, teile auch meine Freude mit mir. Sobald ich Zeit habe, werde ich mehr davon schreiben. Ich umarme Dich von ganzem Herzen.«[3]

Voltaire schrieb über die Schlacht bei Roßbach in seinem Buch *Über den König von Preußen:*

»Die Franzosen und Österreicher flohen bei der ersten Salve. Es war die unerhörteste und vollständigste Flucht, von der die Geschichte je berichtet hat. Die Schlacht von Roßbach wird lange berühmt bleiben. Man sah 30 000 Franzosen und 20 000 Kaiserliche Hals über Kopf vor fünf Bataillonen und einigen Schwadronen schmählich davonrennen. (...) Die wahre Ursache dieses denkwürdigen Sieges lag in der militärischen Disziplin und Übung, die der Vater eingeführt und der Sohn noch verstärkt hatte.«[21]

Doch Friedrich konnte sich nicht ausruhen. Er befand sich noch in der Lausitz, als er erfuhr, dass Schweidnitz von den Österreichern belagert worden war und am 14. November 1757 kapituliert hatte. Zwei Tage danach wurde bekannt, dass auch Breslau sich den Österreichern ergeben hatte. Mit dem Verlust der beiden wichtigen Städte Schweidnitz und Breslau schien Schlesien verloren. Friedrich eilte nach Breslau.

Friedrich selbst tat alles, um die sehr niedergeschlagenen Mannschaften aufzumuntern und ihnen neuen Mut für den nächsten Kampf zu machen. Ohne Zuversicht und Selbstvertrauen könnte keine neue Schlacht gewonnen werden. Diese neue Schlacht suchte der König in der Gegend von Leuthen und hielt, um seine Generäle und Stabsoffiziere und über diese die gesamten Truppen auf Sieg zu stimmen, am Vorabend der Schlacht die berühmte Ansprache:

»Meine Herren!
Ich habe Sie hierherkommen lassen, um Ihnen erstlich für die treuen Dienste, die Sie seither dem Vaterlande und mir geleistet haben, zu danken. Ich erkenne Sie mit dem gerührtesten Gefühl. Es ist beinahe keiner unter Ihnen, der sich nicht durch eine große und ehrebringende Handlung ausgezeichnet hätte. Mich auf Ihren Mut und Erfahrung verlassend, habe ich den Plan zur Bataille gemacht, die

ich morgen liefern werde und liefern muss. Ich werde gegen alle Regeln der Kunst einen beinahe zweimal stärkeren, auf Anhöhen verschanzt stehenden Feind angreifen. Ich muss es tun oder es ist alles verloren. Wir müssen den Feind schlagen oder uns von ihren Batterien alle begraben lassen. So denke ich, so werde ich auch handeln. Ist einer unter Ihnen, der nicht so denkt, so fordere ich hier auf der Stelle seinen Abschied. Ich werde ihm denselbigen ohne den geringsten Vorwurf geben.«

Nach einer Pause fuhr er fort:

»Ich habe vermutet, dass mich keiner von Ihnen verlassen würde; ich rechne nun also ganz auf Ihre treue Hilfe und auf den gewissen Sieg. Sollte ich bleiben und Sie nicht für das, was Sie morgen tun werden, belohnen können, so wird es unser Vaterland tun. Gehen Sie nun ins Lager und sagen Sie das, was ich Ihnen gesagt habe, Ihren Regimentern, und versichern Sie ihnen dabei, ich würde ein jedes genau bemerken.«

Und er beendete seine Rede:

»Das Kavallerieregiment, was nicht gleich, wenn es befohlen wird, sich à corps perdu [unaufhaltsam] in den Feind stürzt, lass ich gleich nach der Bataille [Schlacht] absitzen und mach es zu einem Garnisonregiment. Das Bataillon Infanterie, was, es treffe auch, worauf es wolle, nur zu stocken anfängt, verliert die Fahnen und die Säbel, und ich lass ihnen die Borten von der Montierung schneiden. Nun leben Sie wohl, meine Herren; morgen um diese Zeit haben wir den Feind geschlagen, oder wir sehen uns nie wieder.«[2]

Am 5. Dezember zog das Heer bei Leuthen, in der Nähe von Breslau, dem Feind entgegen. Friedrich war das gesamte Gelände durch die hier jährlich stattfindenden Herbstmanöver genauestens bekannt. Von einer Anhöhe aus konnte er die riesige feindliche Schlachtordnung erkennen. 32 000 Preußen standen fast 90 000 Österreichern gegenüber. In der Mitte lag der Ort Leuthen. Die Österreicher glaubten, dass Friedrich ihre Kavallerie auf dem rechten Flügel angreifen würde, und verstärkten diesen. Friedrich aber entschied, den Feind auf dessen linkem Flügel anzugreifen. Er ließ also seine Armee, die den Blicken des Feindes zum Teil verborgen blieb, durch Hügel gedeckt, in einem weiten Bogen seitwärts ziehen, was die Österreicher glauben machte, das preußische Heer wolle der Schlacht ausweichen. Feldmarschall Leopold Joseph Graf Daun sagte zum Prinzen von Lothringen: »Die Leute gehen, man störe sie nicht.«

Mittags war die preußische Armee am linken Flügel angekommen. Um 13 Uhr begann der Angriff. Die auf dieser Seite relativ schwachen österreichischen Truppen waren schnell überrannt und lösten sich auf. Die Preußen griffen weiter an und kamen an den Ort Leuthen, der von den Österreichern besetzt war. Dieser Ort wurde nach stundenlangem zähem Ringen endlich erobert. Am späten Nachmittag versuchte die österreichische Kavallerie, die preußische Armee von der Flanke her anzugreifen. Darauf hatte die preußische Kavallerie nur gewartet. Sie griff die Österreicher von der Seite und dem Rücken her an und hatte die gegnerische Kavallerie bald in die Flucht geschlagen. Dies war das Signal zur allgemeinen Flucht. Die hereinbrechende Nacht beendete den Kampf, und einer der größten Siege der Geschichte war in wenigen Stunden errungen worden. Friedrich rief als erster »Victoria!«, und die Soldaten stimmten den Choral »Nun danket alle Gott« an. Der König hatte sich in dieser Schlacht nicht nur als genialer Feldherr und Stratege bewiesen, er verfügte

97

24 Nach der Schlacht bei Leuthen besucht Friedrich österreichische Offiziere im Schloss von Lissa

auch über ein ihm bedingungslos ergebenes Heer, das ihn, der fast ständig bei seinen Mannschaften war, liebte und verehrte.

Nun galt es, die schlesischen Städte und damit ganz Schlesien wieder zurückzugewinnen. Friedrich belagerte die Stadt Breslau, die schon am 21. Dezember 1757 kapitulierte. Wenige Tage später gab auch Liegnitz auf. Schweidnitz konnte noch nicht eingenommen werden, war aber vom preußischen Heer fest eingeschlossen, als beide Armeen ihre Winterquartiere bezogen.

Opium, zwölf Stück, das reicht

Friedrich schrieb aus dem Winterquartier an Maria Theresia und forderte sie auf, den Krieg zu beenden. Dieses Anliegen wurde erneut abgelehnt. Frankreich bestätigte inzwischen das Bündnis mit Österreich, Gleiches tat auch Russland, das überdies bereits am 16. Januar 1758 in Preußen einmarschierte, Königsberg eroberte und Ostpreußen infolge dessen als russische Provinz betrachtete.

England dagegen erneuerte das Bündnis mit Preußen, verstärkte die hannoversche Armee mit eigenen Truppen und zahlte Friedrich eine hohe Summe an Hilfsgeldern. Hannoversche Truppen, unter der Führung des Herzogs Ferdinand von Braunschweig, einem Schwager Friedrichs, befreiten bereits im Februar Hannover von den Franzosen, die nach Westen getrieben wurden und erst bei Wesel haltmachten. Dort leisteten sie zwar zunächst noch Gegenwehr, blieben ansonsten für den Rest des Jahres untätig und bezogen schließlich auf der westlichen Seite des Rheins ihre Winterquartiere. Von dieser Front ging also zunächst keine Gefahr mehr für Friedrich aus.

Da aber das russische Heer weiter nach Westen vorgedrungen war, eilte der König Anfang August 1758 diesem entgegen. Prinz Heinrich befehligte die preußischen Truppen in Sachsen, Zieten sicherte Niederschlesien.

Am 21. August 1758 traf Friedrich mit 14 000 Mann bei

Küstrin ein und war zutiefst bestürzt von der grausamen Verwüstung des Landes durch die Russen. Überall sah man brennende Dörfer. Friedrich umging das feindliche Heer, er wollte die Feinde von der für ihn günstigsten Seite angreifen und sie in die Sümpfe und in Richtung Oder zurückwerfen. Alles musste schnell erledigt werden, denn Friedrich wusste, dass das österreichische Heer versuchen würde, seine Abwesenheit auszunutzen, um Schlesien zurückzugewinnen. Die Truppen waren ermüdet von dem anstrengenden Anmarsch, und anders als bei Leuthen hatte sie der König nicht auf die bevorstehende Schlacht konzentrierend eingestimmt. De Catt notierte am 24. August in seinem Tagebuch den Satz des Königs:

»Nun, morgen sollen Sie etwas erleben. Finden Sie mich nicht sehr ruhig? Ein Tag, an dem eine Schlacht geliefert wird, ist etwas Furchtbares. Ich habe meine Anordnungen so getroffen, dass ich nicht zu viele Leute verlieren werde und der Feind vertrieben wird. Aber vielleicht werden Sie es erleben: Ein Nichts kann alles umstoßen, und man wird den Führer für etwas verantwortlich machen, was er nicht verschuldet hat.«[10]

Am frühen Morgen des 25. August 1758 begann die Schlacht. 32 000 Preußen standen nahe bei dem Ort Zorndorf 52 000 russischen Soldaten gegenüber. Es war auch in dieser Schlacht wieder Seydlitz, der mit seiner Kavallerie rettend eingriff und den Feind zurückschlug, indem er in eine Lücke der preußischen Abwehr vordrang, um sie zu schließen. Friedrich stieß mit seiner Infanterie hinzu, und es ergab sich ein wilder Kampf Mann gegen Mann, der schließlich durch die überlegene Disziplin der Preußen gewonnen wurde. Friedrich kämpfte in vorderer Reihe. Er blieb unverletzt. Am

Abend waren die Russen zurückgedrängt, die Schlacht gewonnen. In dieser grausamen Schlacht verlor Preußen 12 800 Mann an Toten, Verwundeten und Gefangenen, die Russen 18 000.

Das Elend der Verwundeten blieb dem König nicht verborgen. Christian Wilhelm von Prittwitz, der das Schlachtfeld von Zorndorf aufsuchte, beschrieb seine furchtbaren Eindrücke:

»(…) Alle Augenblicke präsentierten sich mir neue Ansichten des Entsetzens. Ich sah Stellen, wo die Kavallerie gemetzelt hatte und Menschen und Pferde untereinanderlagen, wobei mir die Wut, die in den Gesichtern der Gebliebenen noch zu bemerken war, am meisten auffiel. (…) Dort lagen Blessierte in den letzten Zügen und hatten sich vor Schmerz mit Händen und Füßen tief in die Erde gegraben. (…)«[32]

Neben der bedrängten militärischen Lage machte sich Friedrich in dieser Zeit die größten Sorgen um den Gesundheitszustand seiner geliebten Schwester Wilhelmine:

»Liebste Schwester,
soeben erhalte ich Deinen lieben Brief vom 20. August. Ich finde darin lauter Beweise Deiner Freundschaft und Zärtlichkeit, auf die ich mich stets verließ und von der ich so fest überzeugt bin wie vom Tageslicht. Aber, liebe Schwester, was ich jetzt in Deinen Briefen suche, das ist die Nachricht darüber, wie es Dir geht, und davon sprichst Du nur unbestimmt und mithin wenig tröstlich. Bei Gott, lerne mich besser kennen und glaube nicht, dass irgendetwas, was auf Eitelkeit und Eigennutz Bezug hat, irgendwie mitspricht bei der zärtlichen und unverbrüchlichen Freundschaft und bei der Anhänglichkeit fürs Leben, die ich Dir gewidmet habe. Wenn Du mich lieb

hast, so gib mir einige Hoffnung auf Deine Wiederherstellung. Nein,
ohne Dich wäre mir das Leben unerträglich. Das sind keine Redens-
arten, das ist Wahrheit.«³

Wilhelmine schrieb Friedrich daraufhin Anfang September:

»Mein einziger Trost war, Dir von den Gefühlen meines Herzens
zu sprechen und Dir zu versichern, wie sehr ich an Deinen Leiden
und Freuden Anteil nehme. Mein grausamer Zustand raubt mir
diese letzte Linderung. Ich habe Höllenqualen gelitten, und schließ-
lich ist ein Abszess an der Seite entstanden. Seit ein paar Tagen geht
es mir besser. Am meisten trägt dazu das hier umlaufende Gerücht
bei, Du hättest die Russen geschlagen.
Lieber Bruder, wüsstest Du, was ich all diese Zeit gelitten habe –
mein armes Vaterland verwüstet und vor allem Du in dieser kriti-
schen Lage –, Du hättest Mitleid mit mir. (…) Ich bin so schwach,
dass ich nichts mehr sagen kann, aber erst mit dem Tode erlischt mein
Denken und Fühlen.«²⁰

Friedrich antwortete mitfühlend und sehr besorgt:

»Liebste Schwester,
Deine Krankheit bringt mich zur Verzweiflung. Das fehlte noch ge-
rade, um mich vollends niederzubeugen. Lieber Gott, muss ich denn
alle Leiden Hiobs erdulden? Ich flehe Dich an, ich beschwöre Dich,
alles Nötige zu tun, um diese Krankheit zu überstehen. Iss, gebrau-
che die Arzneien und tu blindlings, was Dein Arzt verlangt. Bedenk-
ke, dass Dein Tod mich zum elendsten Wesen auf Gottes Erdboden
machen würde. Bedenke, dass der Schmerz mich überwältigen
würde und dass der schrecklichste Tod mir lieb wäre, wenn er mich
nur aus diesem elenden Dasein befreite. Ich kann Dir vor Schmerz
nichts mehr sagen.«²⁰

Das preußische Heer wandte sich indes wieder den österreichischen Truppen zu. Über Bautzen gelangte Friedrich am 10. Oktober nach Hochkirch. Dort, wesentlich günstiger positioniert, stationierte Daun seine Truppen auf einer Reihe von Hügeln, die Hochkirch umgaben. Was Friedrich dazu bewogen haben mag, den Befehl zu geben, bei Hochkirch das Lager aufzustellen, ist nicht bekannt. Er mag einen Angriff des Zauderers Daun ausgeschlossen haben. Friedrich musste sich jedenfalls mit aller Entschiedenheit gegen die warnenden Stimmen seiner Generäle durchsetzen, denn seine eigenen Vertrauten waren strikt gegen diesen Ort und erkannten dessen gänzlich ungeeignete und gefährliche Lage. 30 000 Preußen standen 65 000 Österreichern gegenüber. Hochkirch war tiefer gelegen, die Preußen konnten nichts von dem einsehen, was die Feinde jenseits der Höhenzüge unternahmen. So konnten die Österreicher unbemerkt alle Vorbereitungen für einen unvorhergesehenen Überfall treffen.

Daun griff tatsächlich in der Nacht vom 13. auf den 14. Oktober um fünf Uhr morgens, noch bei völliger Dunkelheit, das preußische Lager an. Die preußischen Soldaten wurden durch den Angriff geweckt und setzten sich halb angezogen und teilweise ohne Stiefel zur Wehr. Die Preußen kämpften erbittert und mit großem Mut, Friedrich selbst führte Bataillone in den Kampf. Sein Pferd wurde im Kugelhagel tödlich getroffen. Der König gab erst auf, als er einsah, dass es keine Möglichkeit für ein siegreiches Ende der Schlacht gab. Das preußische Heer musste schwerwiegende Verluste beklagen. So fielen der Feldmarschall Keith sowie die Prinzen Franz von Braunschweig und Moritz von Dessau.

Daun entschied, das Gewonnene zu sichern, statt die Preußen vollständig zu vernichten. So konnte sich Friedrich mit seinem Heer in Ruhe zurückziehen und ließ auf den Höhen von Bautzen ein Lager beziehen. Bautzen musste unbedingt gehalten werden, denn dort befanden sich der Armeeproviant und die Feldbäckerei.

Auch wenn Friedrich seinen Truppen Mut einzuflößen und deren niedergeschlagene Stimmung aufzumuntern bemüht war, so war er sich doch seines eigenen großen Fehlers bei der Einschätzung der Absichten Dauns und bei der Wahl des gänzlich ungeeigneten Lagers bei Hochkirch bewusst.

De Catt hielt in seinem Tagebuch fest:

»Dann kam er in das Zelt zurück, niedergeschlagener als zuvor. ›Keith ist tot‹, sagte er dumpf. Er setzte sich hin, strich über die Stirn, hielt einen Augenblick lang die Hand über die Augen, die Finger hineinpressend. ›Keith ist tot. Prinz Moritz tot oder gefangen, wer weiß es. Franz von Braunschweig ist tot. Es ist bald eine Frivolität, noch auf der Welt zu sein. So gute Leute. So gute, treue und tapfere Leute. Keith. Was werde ich seinem Bruder, dem Lord Marschall sagen? (…) Was ist das für ein scheußliches Handwerk, das man mir mit der Geburt schon in die Wiege gelegt hat?‹

Er knöpfte sich zum Hals das Hemd ein wenig auf und zog an einer Schnur eine bislang verborgen gewesene kleine Kapsel hervor. ›Das hier‹, sagte er leise, ›kann mein Leben gottlob jeder Zeit enden.‹ Ich starrte darauf, und er sagte: ›Warum macht Sie das blass? Es ist gut, dass ich das habe. Damit kann ich das Trauerspiel, wenn es wahrhaft unerträglich für mich geworden ist, das ist es fast, beenden. Es ist schön, dass man etwas aus freien Stücken beenden kann, dass man dem Schicksal durchaus nicht auf Gnade und Ungnade ausgeliefert ist.‹

Er öffnete die kleine goldene Dose und zählte die darin enthaltenen Pillen. ›Opium‹, sagte er. ›Zwölf Stück. Das reicht.‹ Es war mir, als fror ihn. Er nahm seinen Uniformrock und zog ihn an. Er hatte

25 Feldmarschall
James Jakob von
Keith (1696–1758)

seine Giftkapsel unter das Hemd geschoben und versuchte seinen
Uniformkragen einzuhaken. Das misslang ihm. ›Bitte helfen Sie
mir. Ich bin zur Zeit sehr ungeschickt. Ich könnte, glaube ich, keine
Passage auf meiner Flöte spielen.‹ Daraus sah ich, dass ihm das
alles doch ›zum Herzen‹ gegangen war.«[10]

Es war jedoch nicht nur die verlorene Schlacht und der Verlust naher Vertrauter, die Friedrich zu verkraften hatte. Zu
seinem größten Unglück erfuhr er in der gleichen Zeit vom
Tod seiner geliebten Schwester Wilhelmine, die ihm von
allen Geschwistern am nächsten war und mit der er die
schwere Zeit der Jugend unter dem jähzornigen Vater erlebt
und durchgestanden hatte. Der Verlust dieses Menschen traf
Friedrich unendlich schwer.

»Sie war es, die mich zur Selbstbesinnung brachte, um mein oft all-
zu lebhaftes Temperament zu zügeln. Sie hat mich zur Arbeitsamkeit
angehalten; sie hat mich gelehrt, dass jeder Mensch (…) und beson-
ders ein zum Regieren berufener Prinz sich frühzeitig an Arbeit
gewöhnen muss, dass er alle seine Talente und Kräfte gebrauchen
muss, um gründliche Kenntnisse zu erwerben und sich mit ihrer Hil-
fe instand zu setzen, gut zu regieren.«[22]

Voller Trauer schrieb er an seinen Freund George Keith, den
Lordmarschall von Schottland, am 23. November 1758:

»Es bleibt uns nichts, lieber Mylord, als gemeinsam über unsere Ver-
luste zu weinen. Wäre mein Kopf ein Behälter von Tränen, er reich-
te für meinen Schmerz nicht aus. Unser Feldzug ist zu Ende, und
das beiderseitige Ergebnis ist der Verlust vieler ehrlicher Leute, das
Unglück so vieler zeitlebens verstümmelter Soldaten, der Ruin meh-
rerer Provinzen, die Verwüstung, Plünderung und Einäscherung
mancher blühenden Stadt.
Das, lieber Mylord, sind Heldentaten, vor denen die Menschlichkeit
erschaudert, traurige Wirkungen der Bosheit und Ehrsucht einiger
Machthaber, die ihren zügellosen Leidenschaften alles zum Opfer
bringen! Ihnen, lieber Mylord, wünsche ich nichts, was mit meinem
Schicksal irgendwelche Ähnlichkeit hat, aber alles, was ihm fehlt.
Das ist das einzige Mittel zu Ihrem Glück, an dem ich mehr als ir-
gendwer Anteil nehme.
Ich verbleibe bis ins Grab Ihr alter Freund Friedrich.«[3]

Daun wandte sich zunächst nach Dresden, um die Stadt zu
befreien, wollte sich aber vor dem Winter auf kein weiteres
Gefecht einlassen und zog schließlich nach Böhmen ab.
Auch alle anderen österreichischen Truppen verließen Schlesien.

Wieder war ein Jahr beendet, in dem Friedrich seine Positionen in Sachsen hatte aufrechterhalten können. Friedrich schrieb, über die Begebenheiten des Jahres nachdenkend, über die Fehler der Gegner:

»Von schmeichelnden Hoffnungen und vom festen Vertrauen auf ihre künftigen Erfolge eingelullt, haben sie sich für die Herren der Zeit gehalten. Wie viele günstige Augenblicke haben sie vorbeigehen lassen, wie viele gute Gelegenheiten verpasst. Ihre große Zahl ist ihnen zum Verhängnis geworden. Sie haben sich einer auf den anderen verlassen, der Führer der Reichstruppen auf den österreichischen General, der auf den russischen, der Russe auf den Schweden und dieser endlich auf den Franzosen. Daher die Lässigkeit in ihren Bewegungen und die Langsamkeit bei der Ausführung ihrer Pläne. Wie viele günstige Augenblicke haben sie verstreichen lassen, wie viele gute Gelegenheiten verpasst. (…) Kurz, welch ungeheuren Fehlern verdanken wir unsere Rettung.«[2]

Mein Unglück ist, dass ich noch lebe

*D*ieser Krieg ist furchtbar; er wird von Tag zu Tag unmensch-
licher und barbarischer. *Unser gebildetes Jahrhundert ist noch
sehr roh oder besser gesagt: Der Mensch ist eine unbezähmbare Bes-
tie, sobald er sich der Wut seiner zügellosen Leidenschaften überlässt
(…)«[3]*, schrieb Friedrich im März 1759. Im Mai fasste er seine
Gemütsverfassung in einem weiteren Brief an d'Argens zusammen:

*»(…) Meine Lage mag von fern wohl noch halbwegs glänzend er-
scheinen, aber aus der Nähe betrachtet, ist es nichts als ein dicker
Rauch. Ich weiß fast nicht mehr, ob es auf Erden ein Sanssouci gibt:
Wo der Ort auch liegen mag, für mich passt der Name nicht mehr.
Kurz, mein lieber Marquis, ich bin alt, traurig und grämlich. Hin
und wieder leuchtet meine alte Fröhlichkeit wohl noch auf, aber
es sind nur Funken, die mangels einer nährenden Kohlenglut ver-
glimmen; es sind Blitze, die durch dunkle Wetterwolken flammen.
Ich rede die Wahrheit: Wenn Sie mich sähen, fänden Sie Spuren dessen, was ich einst war, nicht mehr. Sie sähen einen alt und grau ge-
wordenen Mann, der die Hälfte seiner Zähne verloren hat, einen
Mann ohne Heiterkeit, ohne Feuer, ohne Einbildungskraft, kurz, ein
Schatten dessen, der er einstmals war. (…) Solche Betrachtungen
machen mich höchst gleichgültig gegen das Leben und bringen mich
in die rechte Stimmung eines Mannes, dem es bestimmt ist, auf
Leben und Tod zu kämpfen. Ist man mit dem Leben erst so weit*

fertig, dann schlägt man sich tapfer und scheidet ohne Bedauern aus der Welt.«[3]

Die russische Armee hatte Ende April die Weichsel überschritten und die Preußen unter General von Wedell bei Kay vernichtend geschlagen. Sie rückte nun ungehindert bis nach Frankfurt an der Oder vor und traf dort mit einem österreichischen Heeresteil zusammen. Friedrich, der seinem Bruder Heinrich den Oberbefehl über die Truppen in Sachsen übertragen hatte, zog mit dem von ihm befehligten Regiment schnellstmöglich nach Frankfurt, wo die russischen Truppen nahe dem Ort Kunersdorf auf den Hügeln lagerten. Die russische Armee, zusammen mit dem österreichischen Korps, war dort 70 000 Mann stark. Friedrich kam mit nur 43 000 Soldaten am 11. August dort an. Prinz Heinrich sicherte Sachsen gegen mögliche Angriffe.

Am 12. August, die Truppen hatten schon zwei Nächte nicht ausreichend ruhen können, brach die preußische Armee um zwei Uhr früh auf. Ein russisches Regiment nach dem anderen wurde besiegt, viele Gefangene wurden gemacht, und zahlreiche feindliche Kanonen fielen in die Hände der Preußen. Am späten Nachmittag waren große Teile der feindlichen Armee geschlagen und der Sieg praktisch schon errungen. Friedrich aber wollte den Feind vernichten und achtete wiederum nicht auf die warnenden Stimmen seiner Generäle, die von einem weiteren Vorgehen gegen die Russen dringend abrieten, besonders da ihnen die Erschöpfung der Soldaten nicht verborgen geblieben war. Friedrich befahl den erneuten Angriff und beteiligte sich selbst, wie schon so häufig, am Kampfesgeschehen. Zwei Pferde Friedrichs wurden vom Feind getroffen; der König kämpfte auf neuen Pferden weiter. Ein Etui, das er in der Tasche trug, wurde von einem

Geschoss zerschmettert, sorgte aber dafür, dass sein Bein unverletzt blieb. Schließlich gewannen die Gegner die Oberhand, und die Schlacht war verloren. Hätten die Russen den gewonnenen Vorteil genutzt, sie hätten die preußische Armee vollständig vernichten können. 20 000 Mann der preußischen Armee waren verloren, und 178 schwere Kanonen blieben auf dem Feld zurück und fielen den Feinden in die Hände.

Preußen war nach den verlorenen Schlachten bei Kolin im Juni 1757, Groß-Jägersdorf im August 1757, Hochkirch im Oktober 1758 und Kay im Juli 1759 jetzt auch in der Schlacht bei Kunersdorf unterlegen. Das Heer hätte jedes Mal vernichtet werden können. König Friedrich II. befand sich in einer scheinbar ausweglosen Situation und äußerster Bedrängnis.

In dieser Lage schrieb Friedrich, erneut in tiefer Depression und sich wieder mit dem Gedanken an Selbstmord plagend, verzweifelt an seinen vertrauten Minister Karl Wilhelm Graf von Finckenstein:

»Mein Rock ist von Schüssen durchlöchert, zwei meiner Pferde sind getötet; mein Unglück ist, dass ich noch lebe. Unser Verlust ist sehr beträchtlich; von einem Heere von 48 000 Mann habe ich jetzt, wo ich dies schreibe, keine 3000. Alles flieht, und ich bin nicht mehr der Herr meiner Leute. Dies ist ein grausames Missgeschick, ich werde es nicht überleben; die Folgen werden noch schlimmer sein als die Sache selbst. Ich habe keine Hilfsmittel mehr, und um nicht zu lügen, ich glaube, alles ist verloren; ich werde den Untergang meines Vaterlandes nicht überleben. Leben Sie wohl für immer.«[3]

Doch der preußische König konnte ein weiteres Mal davon profitieren, dass seine Gegner uneinig in ihren Strategien wa-

26 Friedrich wird in der Schlacht von Kunersdorf von seinen Husaren vor russischen Kosaken gerettet

ren. So erwartete Daun vom russischen Oberbefehlshaber Soltikof, dass dieser Berlin einnehmen sollte. Soltikof jedoch weigerte sich mit dem Hinweis auf die jüngst gefochtenen Kämpfe.

»Für dieses Jahr, mein Herr«, sagte er zu Daun, »habe ich genug getan. Ich habe zwei Schlachten gewonnen, die Russland 27000 Mann kosten. Bevor ich wieder in Tätigkeit trete, warte ich, bis Sie Ihrerseits zwei Siege davongetragen haben. Es ist nicht billig, dass die Truppen meiner Herrscherin alles allein tun sollen.«[2]

Die Russen zogen zunächst in Richtung Schlesien, gefolgt von Friedrich, der seine Truppen hatte neu ordnen können. Als Soltikof hörte, dass Daun, statt ihn zu unterstützen, nach Sachsen gezogen war, gab er den Plan auf, in Schlesien den

Kampf zu suchen, und verlegte die russischen Truppen in das Winterlager nach Polen. Friedrich beließ einen Teil seiner Truppen in Schlesien, mit einem anderen Teil kam er dem Prinzen Heinrich in Sachsen zu Hilfe. An seinen Bruder Ferdinand schrieb er am 5. September 1759:

»(…) Ich sehe mich von Klippen und Abgründen umringt. Meine Aufgabe ist sehr schwierig, und ohne ein Wunder oder die göttliche Eselei meiner Feinde wird es unmöglich sein, den Feldzug gut zu beendigen. (…) Meine Lage bleibt unaufhörlich gefährlich. Meine Truppen haben kein Ehrgefühl mehr; sie sind alle vom … besessen. Trotzdem halte ich mich mit meinen Feiglingen gut aufrecht; aber ich wage mit ihnen keine kühne Unternehmung.«[25]

Durch einen weiteren strategischen Fehler vonseiten des Königs ließ sich General von Finck trotz einer großen Übermacht der Österreicher auf Befehl des Königs am 20. November bei Maxen auf einen Kampf ein, wurde geschlagen und am 21. November mit seinem Korps eingeschlossen, ergab sich und geriet mit 12 000 Mann in Gefangenschaft. Zwischen dem König und seinem Bruder Heinrich hatte es über den Befehl an Finck eine große Auseinandersetzung gegeben. Heinrich und andere Offiziere hatten den König eindringlich gewarnt, dass Finck durch Daun in einen Hinterhalt gelockt und in Gefangenschaft geraten könnte. Heinrich hatte am Schluss des Disputes ausgerufen: »Sollte Finck mit seinem ganzen Korps gefangen genommen werden, dann haben Sie, mein Bruder, sich das allein zuzuschreiben.«
Das preußische Heer hatte jetzt nur noch eine Stärke von 24 000 Mann. Die Wirkung dieses erneuten Verlustes auf Offiziere und Mannschaften war vernichtend. De Catt schrieb:

»Selbst nach Hochkirch und Kunersdorf war die Niedergeschlagenheit im Hauptquartier und in der Armee nicht so tief gewesen wie jetzt. Damals vertraute man dem König, seinem Genie, seinem Glück, seiner Entschlossenheit und Schnelligkeit. Jetzt sagte man überall: Es ist vorbei! Damals hat er noch Glück gehabt! Jetzt hat er keins mehr! Wohin ich mich wandte, ich traf auf bodenlose Trostlosigkeit. (…) Er ging ruhelos hin und her. Auf seinem Tisch lagen Versarbeiten, mit denen er sich abzulenken versucht hatte. Angefangen, aber nicht zu Ende geführt. Überall fehlten Reime, Wortverbindungen – alles zeugte von der Verzweiflung und Ruhelosigkeit, die ihn ergriffen hatte.

Stellen Sie sich einen Menschen vor, der nichts als das Beste für sein Volk will und der sich damit abfinden muss, sein Leben lang von der Welt gescholten, als Lügner verdächtigt, als Betrüger verschrien, als Blutsäufer und Massenmörder angeprangert zu werden, ich, der ich auf königlichen Jagden noch nicht einmal einen Hasen erlegt habe! Kann man das ertragen? Kann man es aushalten?

Alles, was er sagte, war die Wahrheit. Er jammerte nicht, wie man ihm manchmal vorwarf und wozu er neigte. Nicht ein Körnchen von dem, worüber die Klagen aus ihm sprudelten wie Wasser aus einer plötzlich aufgebrochenen Quelle, war übertrieben, falsch, erlogen. Er führte in Wahrheit unter uns ein Leben, das keiner von uns jemals würde ertragen haben.«[10]

Doch als Friedrich das Winterquartier bezog, hatte er trotz der vernichtenden Niederlagen in diesem Jahr nur Dresden und einige kleinere Gebiete in Pommern verloren. Die Gegner hatten ihre Möglichkeiten wieder nicht genutzt. Aber die Auswirkungen des nun schon fast vier Jahre andauernden Krieges auf die Länder, die Bevölkerung und die Soldaten waren verheerend.

Prinz Heinrich, der sich vehement gegen die Unternehmung

in Maxen gewandt hatte, vertrat den Standpunkt, dass der Krieg sofort beendet werden müsse, auch wenn man dadurch Schlesien verlieren würde: »Besser eine Provinz opfern, als den ganzen Staat zugrunde gehen zu lassen.« Friedrich ging darauf nicht ein: »Wenn keine Hoffnung mehr bleibt, müssen wir mit dem Schwert in der Hand untergehen.«[16]

Heinrich schrieb an seinen Bruder Ferdinand am 5. Januar 1760:

»Die Berliner machen Finck allein für die Niederlage bei Maxen verantwortlich. Aber sie urteilen, ohne hinter die Kulissen zu schauen. Um nicht zum Opfer falscher Schuldzuschreibungen zu werden, um nicht wie Finck in die Falle zu geraten, (…) um nicht gezwungen zu sein, viele Menschen für ein bisschen eitlen Ruhm opfern zu müssen, (…) denke ich daran, mich ganz sachte aus der Affäre zu ziehen. Die Bösartigkeit Friedrichs ist zu groß.«[16]

Friedrich aber hatte es vermocht, durch seine Präsenz im Heer und durch die Wirkung seiner Persönlichkeit die Kampfeslust des Heeres erneut zu wecken. Offiziere und Soldaten hatten neuen Mut gefasst, sie warteten nur auf den Befehl des Königs, sich an den Österreichern zu rächen.

Noch ein Fehlschlag, und ich bekomme den Gnadenstoß

Ich wünsche Dir tausendmal Glück, Gesundheit und Annehmlichkeiten und hoffe, dass das neue Jahr, in das wir eintreten, für unser Volk günstiger ist als das vergangene. Der Kummer zehrt mir am Herzen; besonders entmutigt es mich, dass ich mit allen Mitteln am Ende bin und keine Hilfsquellen mehr finde. Ich sollte Dich am Neujahrstag nicht betrüben, sondern Dir das düstere Bild verschleiern. Aber es steht mir so vor aller Augen, dass man es sich selbst nicht verhüllen kann. Kurz, lieber Bruder, Vergangenheit, Gegenwart und Zukunft erscheinen mir gleich traurig, und ich sage mir immerfort, dass ich als Mensch das Menschenschicksal ertragen muss.«[3]

So sorgenvoll aber auch gefasst blickte Friedrich am 1. Januar 1760 in einem Brief an Heinrich auf das vor ihm liegende Jahr.

Im Winter 1759/60 unternahm Friedrich große Anstrengungen, die Möglichkeit eines Friedensschlusses auf diplomatischem Wege auszuloten. Zu diesem Zweck entsandte er Unterhändler nach Frankreich, Russland und weitere Länder, die jedoch recht unfreundlich und abweisend aufgenommen wurden. Friedrich schrieb dazu in seiner *Geschichte des Siebenjährigen Krieges*:

»Das Scheitern so vieler Versuche, Unterhandlungen anzuknüpfen, überzeugte den König immer mehr von der Unmöglichkeit, unter den gegenwärtigen Umständen etwas von den europäischen Höfen zu erlangen. Die Gewalt der Leidenschaften beherrschte die Geister, und die Erregung der Gemüter war noch zu heftig, als dass sie sich hätten beruhigen lassen. Um mit Ehren aus dem verhängnisvollen Kriege hervorzugehen, blieben dem König also nur zwei Bundesgenossen: Tapferkeit und Beharrlichkeit.«[2]

Ähnlich äußerte er sich auch in einem Schreiben an d'Argens am 15. Januar 1760:

»Der Friede ist alles andere als gesichert; man hofft, man macht sich Illusionen, das ist alles. Ich kann weiter nichts tun, als standhaft gegen das Missgeschick ankämpfen; aber ich kann weder das Glück herbeilocken noch die Zahl meiner Feinde verringern. Da es so steht, bleibt meine Lage stets die Gleiche. Noch ein Fehlschlag, und ich bekomme den Gnadenstoß. Wahrhaftig, das Leben wird völlig unerträglich, wenn man es in Kummer und tödlichem Verdruss hinschleppen muss. Dann hört es auf, eine Himmelsgabe zu sein; es wird zum Gegenstand des Entsetzens und gleicht den grausamsten Racheakten, die Tyrannen begehen können.«[3]

In einem Brief an Algarotti am 10. März beklagt er die Folgen des jahrelangen Krieges, die er selbst mit Bedauern und großer Sorge erlebt:

»(...) Man wird am Ende wie die Dorfkomödianten, die keinen Herd und keine Heimat haben; wir irren durch die Welt, um unsere blutigen Tragödien da aufzuführen, wo unsre Feinde uns eben erlauben, unsre Theater aufzuschlagen. (...) Der letzte Feldzug hat Sachsen an den Rand des Abgrunds geführt. Solange es mir das Glück

verstattete, habe ich dies schöne Land geschont: Jetzt ist Verwüstung überall. Und ohne von dem sittlichen Verfall zu sprechen, den dieser Krieg herbeiführen wird: Das physische Elend wird nicht minder groß sein, und wir können von Glück sagen, wenn die Pest nicht noch darauf folgt. Wir armen Toren, die wir nur einen Augenblick zu leben haben! Wir machen uns diesen Augenblick so hart, als wir nur vermögen, wir gefallen uns darin, die schönsten Werke, die Fleiß und Zeit hervorgebracht haben, zu zertrümmern und nichts als ein hassenswertes Andenken an unsre Zerstörungen und an das Elend, das sie verursacht haben, zu hinterlassen.«[3]

Nach vier Jahren Krieg mussten große Anstrengungen unternommen werden, nicht nur, um neue Soldaten anzuwerben, sondern auch, um diese auszubilden und zu trainieren. Friedrich konnte seine Armee auf 90 000 Mann bringen, dieser standen allerdings 200 000 feindliche Soldaten gegenüber. Friedrich beschreibt die ganze Misere, aber auch seine eigene Unbeugsamkeit und Taktik in der *Geschichte des Siebenjährigen Krieges*:

»Die (…) verloren gegangenen Truppen waren während des Winters neu formiert worden, aber es gab keine altgedienten, gebrauchsfähigen Soldaten. Sie kamen im Ernstfall gar nicht in Betracht. Denn was sollte man mit einem Haufen von Leuten anfangen, die zur Hälfte aus sächsischen Bauern, zur Hälfte aus feindlichen Deserteuren bestanden und von Offizieren geführt wurden, die man nur aus Not und aus Mangel an besseren angestellt hatte? (…) Aber trotz solcher Missstände erlahmte die Tatkraft nicht; denn die Notwendigkeit gebot zu handeln. Statt sich über den schlechten Zustand der Truppen zu beklagen, dachte der König nur daran, den Feinden stärker als je Widerstand zu leisten. (…) Der König bemühte sich, den Mut der Soldaten zu beleben und ihnen Selbstvertrauen einzuflö-

ßen. Das geschah durch Verbreitung von günstigen Prophezeiungen und Anwendung aller Arten von Täuschung, die dem Volke gegenüber zu seinem eigenen Vorteil erlaubt sind.«[2]

Friedrich schrieb an d'Argens am 14. Mai 1760, an diesem Tag verzagt einerseits und andererseits träumend von einer Zeit nach dem Krieg:

»Wie Sie sehen, sind alle Friedenshoffnungen zerronnen, und unsere Feinde treffen die größten Zurüstungen. In drei Wochen habe ich 220 000 Mann auf dem Halse, ich selbst verfüge ungefähr über die Hälfte. Es ist also leicht einzusehen, dass ich da, wo ich am schwächsten bin und der erdrückenden Übermacht nichts entgegensetzen kann, notwendig zugrunde gehen muss. (...) Ich habe die Liste der Bilder gelesen und mich ein Weilchen damit unterhalten. Zur Vervollständigung meiner Sammlung fehlt mir noch ein schöner Correggio, ein Giulio Romano und ein Luca Giordano. Aber wohin verirren sich meine Gedanken? Ich weiß nicht, welches Unglück vielleicht in Kurzem meiner harrt, und rede von Gemälden und Galerien.«[3]

Noch immer wenig hoffnungsvolle Töne schlug Friedrich in einem weiteren Brief an d'Argens am 10. Juni 1760 an:

»Unsere Sache nimmt eine fürchterliche Wendung; wir müssen uns wohl oder übel in große Abenteuer stürzen und alles aufs Spiel setzen. (...) Dieser Feldzug wird für uns verhängnisvoll werden. Aber ich weiß nicht, was ich tun soll. (...) Ich werde mit aller erdenklichen Kaltblütigkeit handeln, aber die Arbeit ist schwer, und ich werde unterliegen. Gebe der Himmel, dass ich mich täusche. Alle Berechnungen sind ungünstig für mich, und nach menschlichem Ermessen kann mich nur ein Wunder retten. (...) Ich weiß nicht, lieber Marquis, ob ich Sanssouci je wiedersehen werde. Meine Lage wird wie-

der so furchtbar und grausam wie im letzten Jahre. (…) Erwarten
Sie nichts Gutes, ich sage es Ihnen im Voraus, und denken Sie lieber
an meine Grabschrift als an Triumphe.«[3]

Friedrich konnte sich am Ende der Winterruhe nicht auf einen erneuten Angriff einlassen. Dazu waren die Kräfte der Armee nicht stark genug. Zu seinem Vorteil gab es aber unter den verbündeten Gegnern noch immer Missstimmungen und deutlich unterschiedliche strategische Pläne.
Zu Beginn des Jahres 1760 stand Friedrich mit seinen Truppen der österreichischen Armee unter Daun in Sachsen gegenüber. Friedrich gelang es, Daun durch einen vorgetäuschten Marsch nach Schlesien aus seinem Lager zu locken. Zunächst folgte er ihm, kehrte dann aber um, marschierte auf Dresden zu, begann mit der Belagerung der Stadt und am 14. Juli mit deren Beschießung. Friedrich ging hier mit einer

27 Dresden nach dem Beschuss durch die Preußen

bislang von ihm nicht gekannten Brutalität vor und scheute nicht davor zurück, viele Paläste und auch Kirchen zu zerstören und große Teile der Stadt in Brand zu legen.

Inzwischen war Glatz von den Österreichern eingenommen worden. Um zu verhindern, dass die Russen sich mit der österreichischen Armee vereinten, marschierte Friedrich nun wieder nach Schlesien, gefolgt von Daun. Der österreichische General Gideon Ernst von Laudon hatte inzwischen mit einem Teil des österreichischen Heeres den Versuch unternommen, Breslau einzunehmen, war aber an dem entschiedenen Widerstand des dortigen preußischen Kommandanten Friedrich Bogislav von Tauentzien gescheitert. Prinz Heinrich, der die russischen Truppenbewegungen verfolgt hatte und merkte, dass sich diese auf Breslau hin bewegten, zog selber dorthin, um Tauentzien zu unterstützen. Laudon gab die Belagerung auf und zog ab. So traf Soltikof auf preußische statt wie erwartet auf österreichische Truppen. Als er darüber hinaus erfuhr, dass Friedrich ebenfalls in Richtung Breslau zog, drohte er mit einem völligen Rückzug, sollte es Daun nicht gelingen, Friedrich an der Überquerung der Oder zu hindern. Dies war der Auslöser dafür, dass Daun den Kampf suchte.

Die preußische und die österreichische Armee standen sich in der Gegend von Liegnitz gegenüber. Daun und Laudon hatten 95 000 Mann zur Verfügung, Friedrich nur 30 000. Trotz ihrer Übermacht wurden die österreichischen Truppen geschlagen, denn die preußischen Regimenter und Korps drängten jeden Angriff zurück und behaupteten sich schließlich gegen die feindliche Kavallerie, indem sie die Reiter mit dem Bajonett vom Pferd stießen. Laudon musste sich zurückziehen, der Kreis um die preußische Armee war durchbrochen. Daun hätte Laudon unterstützen müssen, wagte

28 Die Schlacht von Liegnitz beginnt. Zieten weckt Friedrich

aber den Angriff nicht; die Russen, die schon über die Oder vorgerückt waren, gingen zurück. Friedrich reagierte sofort, entzog sich der feindlichen Übermacht und lenkte seine Truppen in Richtung Oder. Es war ihm gelungen, dem Großangriff der Österreicher zu entgehen und ein Zusammenwirken der Österreicher und Russen zu verhindern.

Friedrich zog ohne Verzug weiter nach Breslau, wo er zu den Truppen Heinrichs stieß. Daun zog nach Süden, um die Grenze nach Böhmen zu sichern, Soltikof bewegte seine Truppen zur polnischen Grenze.

Friedrich schrieb am 17. August 1760 einen kurzen Bericht an d'Argens:

»Gott ist stark in den Schwachen. Das sagte der alte Bülow [Friedrich Gotthard von Bülow, sächsischer Gesandter in Preußen]

jedes Mal, wenn er uns anzeigte, dass seine Kurprinzessin schwan-
ger sei. Ich wende dieses schöne Wort auf unsere Armee an. Die Öster-
reicher, 80 000 Mann stark, wollten 35 000 Preußen umzingeln.
Wir haben Laudon geschlagen, und die Übrigen haben uns nicht
angegriffen. Das ist ein großer, unverhoffter Erfolg. Aber damit ist
das letzte Wort noch nicht gesprochen. Wir müssen noch klettern und
die Höhe des steilen Felsens erreichen, um das Werk zu krönen.
Mein Rock und meine Pferde sind verwundet. Ich selbst bin bisher
unverwundbar. Niemals haben wir größere Gefahren überstanden,
niemals. (…) Haben Sie Mitleid, lieber Marquis, mit einem armen
Philosophen, der seiner Sphäre gar wunderlich entrückt ist, und lie-
ben Sie mich stets.
Leben Sie wohl.«[3]

Der gegnerische Plan war, dass die Russen in die Mark Brandenburg einfallen und bis Berlin vordringen, während die
Österreicher sich erneut gegen Schlesien wenden sollten, sodass man durch diese gemeinsamen Angriffe die preußische
Armee teilen und leichter besiegen könnte. Am 3. Oktober
1760 griffen die russischen Truppen Berlin an. Man leistete
ihnen Widerstand. Nachdem aber auch einige österreichische Korps die Stadt erreicht hatten, kapitulierte Berlin
am 9. Oktober. Die Russen plünderten die Schlösser Charlottenburg und Schönhausen und zerstörten Fabriken, Gie-
ßereien und die Münze. Die Berliner mussten hohe Abgaben
zahlen. Am 11. Oktober traf die Nachricht ein, dass Friedrich
im Anmarsch sei. Nur auf das Wort hin – »der König kommt«
– zogen sich die feindlichen Truppen vollständig aus der
Residenz zurück. Die russischen Korps gingen über die Oder
zurück, die österreichischen nach Sachsen.
Sollte es Daun gelingen, Friedrich in Sachsen zu binden oder
zu schlagen, wäre Berlin erneut ein leichtes Opfer für die rus-

sische Armee. So musste Friedrich die kriegerische Auseinandersetzung suchen.

Daun hatte seine Lager bei Torgau bezogen. Da er sich aus Torgau durch Manöver nicht vertreiben ließ, fand hier die entscheidende Schlacht des Jahres am 3. November 1760 statt. 64000 Österreichern standen 44000 Preußen gegenüber. Es wurde Mittag, bis die preußischen Truppen, die durch einen Wald marschieren mussten, die feindlichen Stellungen erreichten, es wurde zwei Uhr Nachmittag, bis die ersten Regimenter dem Feind entgegenrückten.

Daun war vorbereitet und ließ auf die Preußen feuern. Friedrich kämpfte mitten im Getümmel, zwei seiner Pferde waren schon von feindlichen Kugeln getroffen, jetzt traf es ihn selbst, sodass er ohnmächtig vom Pferd sank. Zwar war er an der Brust getroffen worden, jedoch hatte die feste Kleidung die Kugel daran gehindert einzudringen.

29 Friedrich nach der Schlacht bei Torgau

*30 Husarengeneral
Hans-Joachim von
Zieten (1699–1786)*

Es wurde Abend, die preußische Armee zog sich zurück, der
Ausgang der Schlacht war ungewiss. Dann endlich, nach
Stunden des Wartens, erreichte Friedrich die Nachricht, dass
Zieten und Johann Dietrich von Hülsen doch noch den
Kampf gewagt und gesiegt hatten. Damit war die Schlacht ge-
wonnen. Wieder nutzten die Österreicher ihre immer noch
bestehende Überlegenheit nicht, um nach dieser nur knapp
verlorenen Schlacht die Preußen doch noch zu besiegen.
Daun war verwundet worden und zog sich nach Dresden
zurück. Man ging ins Winterquartier. Die Russen zogen sich
über die Weichsel zurück nach Polen. So hatte Friedrich am
Ende dieses gefahrvollen Jahres nur Glatz aufgeben müssen.
Sein Ziel, die Österreicher aus Sachsen zu verdrängen, war
jedoch nicht erreicht.

Die Philosophie ist unsere Mutter

In Frankreich ging die öffentliche Zustimmung zum Krieg, der – so wurde zunehmend gedacht – zugunsten des Erbfeindes Österreich geführt wurde, allmählich zurück. Man sah, dass das eigene Land mit der Zeit durch die großen Ausgaben für einen Krieg in Deutschland geschwächt wurde, während Österreich davon profitieren würde. Gleichzeitig musste sich Frankreich auf den Meeren und in den Kolonien gegen England behaupten. Soeben war Montreal von den Engländern eingenommen worden, die dadurch ganz Kanada in Besitz nehmen konnten.

Der König von Schweden, ebenfalls kriegsmüde, beklagte, dass er von Frankreich in den Krieg hineingezogen worden sei, und suchte nach Möglichkeiten, sich ehrenvoll zurückzuziehen. Auch der König von Polen (und Herzog von Sachsen) sah, dass Sachsen als Hauptschauplatz des Krieges von allen Parteien zugrunde gerichtet und verwüstet wurde. Selbst die Kaiserin von Russland wünschte den Frieden, wurde aber von ihren Beratern gedrängt, an Frieden erst dann zu denken, wenn Preußen vernichtet sei. Maria Theresia hätte ansonsten als Einzige einen Vorteil davon, wenn Österreich auf sich gestellt Preußen nach all den Kriegsjahren besiegen würde.

Es war das Ziel der Österreicher, im Jahr 1761 die Entscheidung des Krieges herbeizuführen. Die russischen und öster-

*31 Katharina
die Große, Zarin
von Russland
(1729–1796)*

reichischen Armeen vereinigten sich im südlichen Schlesien und bezogen ihre Stellungen im Riesengebirge.
Friedrich reagierte auf die große Übermacht der feindlichen Truppen in genialer Weise. Er bezog das Lager Bunzelwitz, deckte von dort aus auch Schweidnitz ab und konnte Verbindung nach Breslau halten. Seine gesamte Armee setzte er dazu ein, um in kürzester Zeit aus dem Lager eine Festung zu errichten, mit mehreren Verteidigungsreihen, Palisaden und ganzen Ketten von Schanzen und Gräben.
Während des wochenlangen Ausharrens jedoch bereitete der einsetzende Mangel an Verpflegung für Mensch und Pferde den Armeen auf beiden Seiten zunehmend Schwierigkeiten.

Der König war ständig unter seinen Truppen, lebte in einem Zelt neben anderen Zelten, schlief unter freiem Himmel auf einem Strohballen und nahm als Mahlzeit das, was alle bekamen. So blieb er, der nicht aus der Ruhe zu bringen war, ein stets von allen sichtbares, ansprechbares Vorbild für die Soldaten und die gesamte Truppe.

Da die Vorräte im Magazin von Schweidnitz jedoch zu Ende gingen, musste Friedrich seine Truppen in Richtung Neiße verlegen, wo Lebensmittel und Futter im Überfluss vorhanden waren. Laudon, als er bemerkte, dass Friedrich inzwischen bereits zwei Tagesmärsche von Schweidnitz entfernt war, ließ die österreichischen Truppen sehr schnell auf die Stadt zumarschieren und nahm sie ein. Damit hatten die Österreicher einen zusätzlichen festen Standort in Schlesien und eine äußerst günstige Position für weitere militärische Operationen in Besitz genommen, sehr zum Nachteil Preußens.

Laudon hätte, wenn es zu einer Vereinigung mit den russischen Truppen gekommen wäre, die Preußen umzingeln und vernichten können. Da er die tatsächliche Situation, in der sich die preußische Armee befand, nicht durchschaute, befürchtete er jedoch, dass seine Truppen in einer Schlacht unterliegen könnten, und begnügte sich daher mit dem Erfolg der Einnahme von Schweidnitz. Ansonsten blieb er untätig.

Russische Truppen rückten nach Pommern ein, und eine russische Flotte landete gemeinsam mit den Schweden bei Kolberg. Am 16. Dezember nahmen die Russen die Stadt in Besitz und erhielten hierdurch in Pommern einen günstigen Ausgangspunkt für Auseinandersetzungen des kommenden Jahres.

Eine weitere große Sorge bereitete Friedrich, dass die Engländer unter ihrem neuen König George III. den Subsidienvertrag nicht erneuerten und sich zudem bemühten, mit Frankreich Frieden zu schließen.

Am Ende des Jahres 1761, das wider Erwarten ohne eine größere Schlacht zu Ende gegangen war, sah die Lage für Friedrich deutlich schlechter aus als noch ein Jahr zuvor. Zwar war es Heinrich gelungen, die Truppen unter Daun in Sachsen zu binden, auch wenn er sich in das sächsische Bergland hatte zurückziehen müssen. Auch hatte Prinz Ferdinand von Braunschweig die Franzosen am Niederrhein, in Niedersachsen, Dortmund, Kassel und Eisenach weiterhin in Schach halten können. In Schlesien aber waren Glatz und Schweidnitz von den Österreichern okkupiert, und damit war halb Schlesien verloren. Kolberg und ein Teil von Pommern waren in feindlicher Hand, die Provinz Preußen von den Russen besetzt, Sachsen, aus dem Friedrich über all die Jahre Nachschub erhalten hatte, in weiten Teilen verwüstet und ausgemergelt, England abgefallen. Die Gegner hatten die besten Ausgangspositionen für die Kämpfe im folgenden Jahr. Da konnte auch das überraschende Angebot der Tartaren und der Türken, Preußen mit Truppen und finanziellen Mitteln zu unterstützen, nicht helfen. Maria Theresia war sich ihrer Sache so sicher, dass sie 20 000 Mann aus dem Heer entließ. So verzweifelt schlecht hatte die Sache für Preußen noch nie ausgesehen.

Prinz Heinrich beschreibt seinem Bruder Ferdinand die Situation aus seiner Sicht:

»Sie glauben, dass ich hier eine ruhige Kugel schiebe, aber weit gefehlt. Das ganze Jahr hindurch bin ich in ständiger Sorge, was der Feind als Nächstes tun wird. Ich bin ganz gut informiert, aber ich fürchte für die Lausitz. Der Feind macht Bewegungen, und was zum Teufel soll ich machen, wenn es auf allen Seiten zugleich geschieht?

32 *Johann Baptiste de Boyer, Marquis d'Argens (1704–1771)*

Ich bin perdutto und der ganze Laden auch, der hängt sowieso nur noch an einem Faden. Keine Winterquartiere, alle Länder verwüstet, die Einzelheiten dieser Situation sind schrecklich.«[16]

In dieser Lage schrieb Friedrich am 11. November an d'Argens:

»Die Welt ist unsere Stiefmutter, die Philosophie unsere Mutter (ein Ausspruch Marc Aurels), und ich rette mich in die Arme dieser Mutter, wenn die Stiefmutter mich misshandelt. Ein geschickter Musiker soll gefragt worden sein: Könnten Sie wohl auf einer Violine spielen, die nur drei Saiten hat? Er spielte schlecht und recht darauf. Dann entfernte man noch eine Saite. Er spielte, aber noch schlechter. Schließlich entfernte man auch die beiden letzten und verlangte, dass er seinem Instrument noch Töne entlocke. Da war es aus, er spielte nicht mehr. (…) Ich habe eine Epistel über die Schlechtigkeit der

129

Menschen geschrieben, eine andere über ein Thema, das auf meine Lage besser passt (Der Stoiker) und eine Ode auf den Tod meines Neffen [Prinz Heinrich von Braunschweig], *der letzten Sommer im Kampf gegen die Franzosen gefallen ist.*

Zudem ist das Wetter so trübe, und in dieser Jahreszeit ist es überhaupt nicht verwunderlich, dass man zur Schwermut neigt. Aber wenn man schlecht auf den Beinen ist, nimmt man den ersten besten Stock zur Stütze. Mark Aurel ist mein Stock, auf den ich mich stütze. Er gibt mir zwar den Gebrauch meiner Beine nicht wieder, hilft mir aber, mich weiterzuschleppen, und das genügt.

Leben Sie wohl, lieber Marquis; ich will Sie nicht mit meiner Schwermut anstecken: Sie wird nur zu leicht epidemisch. Ich hoffe auf gute Nachrichten von Ihnen und werde Ihnen welche von mir zukommen lassen, sobald ich kann. Inzwischen seien Sie versichert, dass ich Sie stets lieben und hochschätzen werde.«[3]

Ich habe Salutschießen befohlen

Friedrich schrieb zu Beginn des Jahres 1762 zwar skeptisch, aber mit Entschlossenheit an seinen Bruder Heinrich:

»Teuerster Bruder, ich habe Ihren Brief vom 5. d. M. erhalten. Die Frage, die Sie mir stellen, zu beantworten ist unmöglich; wenn es uns trotz der Hoffnung, die wir haben, an jeglicher Hilfe fehlen sollte, so gestehe ich, dass ich nichts sehe, was unseren Untergang verzögern oder beschwören könnte. Da Sie indessen wünschen, dass ich Ihnen sage, was ich als das Beste in einer solchen äußersten Not ansehe, so würde es das sein: alle unsere Truppen zu vereinigen und mit diesen ganzen Massen den Feinden wechselweise zuleibe gehen. Das ist das Beste, was es gibt.«[25]

Als er den Brief schrieb und absandte, ahnte er noch nicht, dass sich sein Schicksal inzwischen vollkommen geändert hatte. Für Friedrich unverhofft änderte sich die politische Lage Europas überraschend: Am 5. Januar 1762 starb Kaiserin Elisabeth von Russland. Ihr Neffe, Peter III. aus dem Hause Holstein, wurde ihr Nachfolger. Er war seit Jugendtagen mit Friedrich befreundet und ein glühender Verehrer des Preußenkönigs, hatte alle seine Schlachten studiert und genaue Kenntnis der Struktur des preußischen Heeres. Der Zar schloss sofort Frieden mit König Friedrich II., gab alle besetzten Gebiete und Städte zurück, darunter auch Glatz in

Schlesien, ließ sämtliche Gefangenen frei und befahl einem Teil der russischen Truppen, die noch mit den Österreichern vereint waren, zu Friedrichs Armee zu stoßen und fortan unter dessen Oberkommando und an der Seite Preußens zu kämpfen. Auch Schweden schloss zuvor noch im Mai Frieden mit Preußen. Um Aussicht auf einen Friedensschluss mit Österreich zu haben, musste Friedrich zuvor die österreichische Armee niederwerfen.

Plötzlich jedoch, am 19. Juli – die Pläne waren wegen der sich hinziehenden Verhandlungen noch nicht in unterschriebene Verträge umgesetzt worden – schien sich das Blatt erneut zu wenden. Peter III., der sich durch zahlreiche sehr drastische und schnelle Veränderungen unbeliebt gemacht hatte, wurde durch eine Verschwörung abgesetzt und bald darauf ermordet. Seine Frau Katharina, nach Friedrichs Darstellung die treibende Kraft hinter der Verschwörung, trat an die Stelle ihres Mannes und widerrief zunächst alle Entscheidungen Peters, um sicherzugehen, dass Friedrich die russischen Truppen nicht zur Rettung Peters gegen sie richten würde. Die Truppen sollten nun wieder Feinde Preußens sein und den Kampf baldmöglichst aufnehmen.

Noch bevor diese Nachricht das österreichische Heer erreichte, konnte sich Friedrich vom russischen Kommandeur eine Frist von drei Tagen erbitten, während derer er seine Truppen noch nicht abziehen sollte. In dieser Zeit gelang es Friedrich, die österreichischen Truppen unter Daun bei Burkersdorf zu besiegen. Die Truppen, die sich in schwierigem Gelände im Gebirge verschanzt hatten, waren auf den Überraschungsangriff Friedrichs nicht vorbereitet und wurden mit großer Macht und Entschlossenheit von allen Seiten her überrannt. Nun kam es ebenso plötzlich wie zuvor zu einer erneuten Wendung in Russland, denn Katharina, die zunächst Friedrich als Motor für die verschiedenen Neuerungen Peters vermutet hatte, erkannte aus dem Briefwechsel zwischen ihrem Mann und dem preußischen König, dass dieser zu großer Vorsicht und bedachtsamem Vorgehen bei der Einführung von Veränderungen geraten hatte. So war Friedrich in den Augen Katharinas rehabilitiert. Sie zog ihre Befehle zurück, und der Friede mit Preußen wurde bestätigt.

Friedrich richtete sich daraufhin gegen Schweidnitz und belagerte die Stadt, dessen österreichischer Kommandant sich schließlich am 9. Oktober ergab und mit seiner Truppe in preußische Gefangenschaft ging. Schlesien war wieder in Friedrichs Hand.

Dann wandte sich Friedrich nach Sachsen, wo Heinrich gegen die dort bereits eingetroffenen Daun'schen Truppen Unterstützung angefordert hatte. Prinz Heinrich hatte bei Freiberg Stellung bezogen. Am 29. Oktober – Friedrich hatte Freiberg noch nicht erreicht – griff Heinrich die österreichische Armee an, da er von Spionen erfahren hatte, dass die Österreicher ihren Angriff für den 30. Oktober geplant hatten. Heinrich kam ihnen zuvor und erfocht einen glänzenden Sieg, woran Seydlitz mit seiner Kavallerie, wie auch schon bei früheren Schlachten, einen wesentlichen Anteil hatte.

Voll Bewunderung und Anerkennung schrieb der König an seinen Bruder:

»Ich habe Salutschießen von Lauban bis Frankenstein und Neiße befohlen, um Ihren Sieg zu feiern. Wenn das Glück unsere Anschläge auf Dresden begünstigt, dann werden wir fraglos diesen Winter oder nächstes Frühjahr Frieden haben, und wir werden uns mit Ehren aus einer schwierigen und gefährlichen Situation herausziehen, in welcher wir uns häufig nur zwei Schritte von der völligen Vernich-

33 *General der Kavallerie Friedrich Wilhelm von Seydlitz-Kurzbach (1721–1773)*

tung befanden. Durch diesen Sieg werden Sie allein den Ruhm für sich in Anspruch nehmen können, der österreichischen Hartnäckigkeit den letzten Stoß versetzt zu haben und damit die ersten Fundamente des öffentlichen Glücks gelegt zu haben, das sich aus diesem Frieden entwickeln kann.«[16]

Auch Ferdinand von Braunschweig erzielte einen wichtigen militärischen Erfolg, indem er am 1. November das von den Franzosen besetzte Kassel befreite. Daraufhin wurde ein Waffenstillstand vereinbart, und die Armeen bezogen ihre Winterquartiere.

Schon zwei Tage später wurden die Grundzüge des Friedensvertrages verabschiedet. Friedrich war zwar nur zu gerne zu Friedensverhandlungen bereit, aber dennoch darauf bedacht, auch die Stände des Deutschen Reiches zur Neutralität zu bewegen. So rückten verschiedene Korps gegen zahlreiche Städte im Reich vor (z. B. Rothenburg, Regensburg, Nürnberg), die gezwungen wurden, mittels großer Kontributionen eine Besetzung durch die preußischen Truppen abzuwenden und eine neutrale Position zu beziehen. Sie zogen ihre Truppenkontingente aus der Reichsarmee zurück und schlossen Frieden mit Preußen. Friedrich wandte sich nun noch gegen die französischen Truppen, die Preußens rheinische Gebiete besetzt hielten. Diese wurden von den Franzosen ohne Zögern geräumt.

Am 31. Dezember begannen die Friedensverhandlungen auf Schloss Hubertusburg in Sachsen, am 15. Februar 1763 wurden die Friedensverträge unterzeichnet. Der Krieg war zu Ende, aber mit wie viel Leid und Zerstörung war nichts anderes erreicht worden, als das Ergebnis des Breslauer Friedens von 1742 erneut zu bestätigen.

»Wenn man nun einmal bedenkt«, notierte Graf Lehndorff in seinem Tagebuch, *»welche unzähligen Opfer dieser Krieg gefordert hat, wie viele Provinzen verwüstet, wie viele Familien ruiniert worden sind, und das alles, um die Herrscher in dem Status quo ante zu sehen, so möchte man über den Wahnwitz der Menschheit laut aufschreien.«*[27]

König Friedrich vermerkte ähnlich kritisch:

»Unser Kriegsruhm ist aus der Ferne sehr schön zu betrachten; aber wer Zeuge ist, mit welchem Jammer und Elend dieser Ruhm erkauft wird, unter welchen körperlichen Entbehrungen und Strapazen, in Hitze und Kälte, in Hunger, Schmutz und Blöße, der lernt über den Ruhm ganz anders zu urteilen.«[22]

Dies ist eine neue Schöpfung

*U*m sich eine Vorstellung von der allgemeinen Zerrüttung zu machen, in die das Land gestürzt war, um sich die Trostlosigkeit und Entmutigung der Untertanen vorzustellen, muss man sich völlig verheerte Landstriche vergegenwärtigen, wo sich kaum Spuren der früheren Wohnstätten entdecken ließen, Städte, die von Grund auf zerstört, andere, die zur Hälfte in Flammen aufgegangen waren, 13 000 Häuser, die spurlos verschwunden waren, nirgends bestellte Äcker, kein Korn zur Ernährung der Einwohner; 60 000 Pferde fehlten den Landleuten zur Feldarbeit, und im ganzen Lande hatte sich die Bevölkerung um 500 000 Seelen gegenüber dem Jahre 1756 vermindert, was bei 4,5 Millionen Seelen viel bedeutet.«[2]

Friedrich tat alles, um nach Kriegsende den Wiederaufbau in den Landesteilen Pommern, Schlesien, Kurmark, Kleve, in der Neumark und in der Provinz Preußen voranzutreiben. Er minderte die Steuerabgaben, gab Saatgut aus und stellte der Landwirtschaft Pferde aus den Truppen der Artillerie zur Verfügung. Die Hilfe wurde schnell bereitgestellt, denn Friedrich hatte aus Überlieferungen über die Zeit nach dem Dreißigjährigen Krieg, als die Zustände ähnlich katastrophal gewesen waren, gelernt, dass wegen fehlender Gelder und ausbleibender Hilfsmaßnahmen Jahrzehnte vergingen, bis die Verwüstungen behoben worden waren.

*»In einer so kläglichen Lage war es nötig, dem Unglück Mut entge-
genzusetzen, den Staat nicht für verloren zu halten, sondern den
Vorsatz zu fassen, ihn mehr zu verbessern, als nur wiederherzustel-
len; es war dies eine neue Schöpfung, die man unternehmen musste.«[2]*

An Voltaire schickte er am 24. Oktober 1773 einen Bericht
über seine Arbeit am Wiederaufbau des Landes:

*»(…) Ich war in Preußen, um die Leibeigenschaft aufzuheben, bar-
barische Gesetze zu reformieren und vernünftigere zu verkünden, um
einen Kanal einzuweihen, der Weichsel, Netze, Oder und Elbe
verbindet, um seit der Pest von 1709 darniederliegende Städte wiederaufzubauen, 20 Meilen Sumpf trockenzulegen, um in einer Gegend, wo sogar der Begriff unbekannt war, ein wenig Verwaltung
einzuführen. (…) Darüber habe ich in Oberschlesien, wo Ödland
war, den Bau von 60 Dörfern in die Wege geleitet; jedes Dorf hat
20 Familien.*
*Zur Erleichterung des Handels habe ich breite Bergstraßen anlegen
und zwei niedergebrannte Städte wiederaufbauen lassen, die aus
Holz waren und die nunmehr mit Ziegeln und sogar mit gehauenem
Gebirgsstein gebaut werden. Sie merken also, dass ich nicht mit
kreuzweise verschränkten Armen dagesessen bin. (…) Meine
Hauptbeschäftigung ist, Unwissenheit und Vorurteile in den Gegenden zu bekämpfen, zu deren Beherrscher mich der Zufall der Geburt
gemacht hat, die Geister aufzuklären, die Sitten zu verbessern und
die Menschen so glücklich zu machen, als es die menschliche Natur
und die mir zur Verfügung stehenden Mittel gestatten.«[13]*

Friedrich sah sich als Anwalt der Bürger, die ihm persönlich
bei seinen Inspektionsreisen Beschwerden vorbringen durften. Er nannte sich selbst den »König der Bettler und Anwalt

137

des armen Mannes«. Er war aber auch der absolute Herrscher, dessen Weltbild unverändert blieb und vorsah, dass die Offiziere aus dem Adel kamen, der Bauernstand die Versorgung mit Lebensmitteln sicherzustellen hatte und aus dem die Soldaten rekrutiert wurden, während das Bürgertum Handel und Gewerbe betrieb. Dennoch sah er sich auch in der Pflicht, Rechenschaft abzulegen:

»Fast stets wird behauptet, die Könige schuldeten Gott allein Rechenschaft für ihr Handeln. Das ist aber nur im Sinne ihrer unbeschränkten Machtvollkommenheit zu verstehen. Kein andrer Fürst kann sie für ihre Handlungen verantwortlich machen. (…) Gleichwohl vergibt ein guter Fürst seiner Würde nichts, ja, er folgt nur seiner Pflicht, wenn er sein Volk, dessen Haupt oder erster Diener er nur ist, über die Gründe aufklärt, die ihn mehr zu dem einen als zu dem andern Entschlusse bewogen haben. Was mich betrifft, der ich Gott sei Dank weder den Hochmut des Gebieters noch den unerträglichen Dünkel der Königswürde besitze, so trage ich keinerlei Bedenken, dem Volke, zu dessen Herrscher mich der Zufall der Geburt gemacht hat, Rechenschaft über mein Verhalten abzulegen (…).«[2]

Man muss anerkennen, dass Friedrich der Große ein tief humanistisch geprägter, aufgeklärter Monarch im späten Absolutismus war. Er wollte beim Aufbau des Landes eine »neue Schöpfung« unternehmen, mit der er sein Reich zu verbessern hoffte. Seine Überzeugung aber, letztlich selbst für alle Aufgaben im Staat verantwortlich zu sein und daher alle Entscheidungen an sich ziehen zu müssen, hinderten ihn daran, an eine zukünftige Regierungsform, nicht erblich und nicht auf Lebenszeit von einem einzigen Menschen abhängig – geeignet oder nicht –, überhaupt zu denken. Sogar die Beteiligung talentierter Minister an der Regierung lehnte er strikt ab:

34 Friedrich im Gespräch mit General Zieten

»Bei dem innigen Zusammenhang zwischen Finanzen, innerer Verwaltung, äußerer Politik und Heerwesen ist es unmöglich, einen dieser Zweige ohne Rücksicht auf die anderen zu behandeln. Sobald dies geschieht, fahren die Fürsten schlecht. (…) Eine gut geleitete Staatsregierung muss ein ebenso fest gefügtes System haben wie ein philosophisches Lehrgebäude. Alle Maßnahmen müssen gut durchdacht sein, Finanzen, Politik und Heerwesen auf ein gemeinsames Ziel steuern: nämlich die Stärkung des Staates und das Wachstum seiner Macht. Ein System kann aber nur aus einem Kopf entspringen; also muss es aus dem des Herrschers hervorgehen.«[2]

139

Folglich war unbedingter Gehorsam im ganze Staat eine wesentliche Voraussetzung für die Ausführung der Anordnungen. Auch in dieser Beziehung ganz in seiner Zeit verhaftet, hat König Friedrich II. die gesellschaftlichen Veränderungen, die sich anbahnten, nicht vorhergesehen und sicherlich nicht geahnt, dass bereits drei Jahre nach seinem Tod die große Revolution in Frankreich ausbrechen würde.

Dann hätten wir freie Verbindung mit Ostpreußen

Außenpolitisch setzte der König, der wusste, dass Frankreich und besonders Wien ihm weiterhin und auf Dauer höchst reserviert gegenüberstanden, ganz auf die Beziehung zu Russland.

Im August 1763 starb König August III. von Polen, Kurfürst von Sachsen, Sohn von August dem Starken, zwei Monate später auch der Sohn von August III. Hohe Abgesandte Polens trugen die Bitte an Prinz Heinrich heran, er möge ihr König werden, was aber von Friedrich abgelehnt wurde, da dieser seine Beziehungen zu Russland über Polen zu stärken suchte, an dessen Teilung er schon seit Langem interessiert war. Am 11. April 1764 kam es zu einem gegenseitigen Verteidigungsvertrag zwischen Russland und Preußen. Dieser Vertrag war für Friedrich von großer Bedeutung, denn der österreichische Staatskanzler Kaunitz verfolgte nach wie vor Pläne, Schlesien schließlich doch wieder in den Besitz Österreichs zurückzuführen. Der Allianzvertrag mit Russland verschaffte Friedrich die dringend notwendige Ruhe, seinen Staat wiederaufzubauen.

Katharina II. setzte ihren Vertrauten Stanislaus Poniatowski als König von Polen ein, der jedoch die innenpolitischen Schwierigkeiten im Land nicht überwinden und Polen nicht befrieden konnte. Die national-katholische Partei, die mit

Waffen aus Österreich und Frankreich unterstützt wurde, stand den Protestanten und russisch-orthodoxen Bevölkerungsgruppen gegenüber, die von russischer Seite Waffen erhielten. Es entwickelte sich ein blutiger Bürgerkrieg. Russland griff häufig in die innerpolnischen Angelegenheiten ein, so auch, um die Unterdrückung nicht-katholischer Bevölkerungsteile dadurch zu beenden, dass die Führer der katholischen Partei kurzerhand nach Sibirien verbannt wurden. Es kam schließlich im Jahr 1768 zu einem Aufstand, der sich gegen die Fremdherrschaft richtete, von russischen Truppen aber schnell niedergeschlagen wurde.

Als Folge dieser Auseinandersetzungen, die sich auch entlang der ukrainisch-türkischen Grenze hinzogen, kam es durch Grenzüberschreitungen zu einem Konflikt mit dem Osmanischen Reich. Der Sultan ließ den russischen Botschafter in Konstantinopel ins Gefängnis werfen und erklärte Russland den Krieg. Russland marschierte auf türkisches Gebiet, erfocht mehrere Siege und besetzte große Teile des Landes. Das Machtgefüge auf dem Balkan geriet ins Wanken. Preußen war vertraglich verpflichtet, Hilfsgelder an Russland zu zahlen, weswegen Friedrich alles daransetzte, einen neuen Krieg, in den Preußen und möglicherweise andere Länder hineingezogen werden könnten, zu vermeiden.

Auch im Heiligen Römischen Reich änderte sich das Machtgefüge. Joseph II., Sohn von Maria Theresia und Kaiser Franz, wurde nach dem Tod seines Vaters im Jahr 1765 Kaiser und Mitregent der österreichischen Erblande. Er war ein Bewunderer Friedrichs und legte den größten Wert darauf, ihn persönlich kennenzulernen, was unter den gegebenen Umständen auch von Maria Theresia gewünscht wurde. Das Treffen kam am 25. August 1769 in Neiße zustande. Friedrich beurteilte Joseph II. nach diesem Gespräch:

»Ich habe das Gefühl, dass er ein Mensch ist, der vom Ehrgeiz verzehrt wird, der über einem großen Plane brütet, der für den Augenblick von seiner Mutter gezügelt wird, darauf brennt, das Joch abzuwerfen, und der, wenn sein Amt frei ist, mit einem großen Coup hervortreten wird. Ich konnte nicht herausbekommen, ob sein Blick sich auf die Republik Venedig, Bayern, Schlesien oder Lothringen richtet, aber es kann kein Zweifel sein, dass in Europa ein Brand auskommen wird, wenn er die Leitung in die Hand nimmt.«[14]

Bald nach dem Treffen Friedrichs mit Joseph II. in Neiße wurde ein Vertrag zwischen beiden Staaten geschlossen, der sie zu gegenseitiger strikter Neutralität bei möglichen Kriegen oder Unruhen verpflichtete. Damit war jedoch der Konflikt zwischen Russland und der Türkei noch in keiner Weise gelöst.

Österreich, das Russland nicht als östlichen Nachbarn sehen wollte, drohte, in die Auseinandersetzungen zwischen Russland und der Türkei einzugreifen, wo Russland inzwischen große Landgewinne gemacht hatte. Russland dagegen sah nicht ohne Sorge die Annäherung zwischen Österreich und Preußen.

Prinz Heinrich hatte von Jugend an eine sehr freundschaftliche Beziehung zu Katharina II. und reiste in dieser kritischen Zeit im Herbst 1770 auf Anweisung Friedrichs, der großes Vertrauen in das diplomatische Geschick seines Bruder hatte, nach Petersburg, nachdem er den Sommer zunächst bei seiner Schwester Ulrike, der Königin von Schweden, verbracht hatte. Das Hauptziel der Verhandlungen in Russland war, die Möglichkeit einer Friedensvereinbarung zwischen Russland, der Türkei und Österreich auszuloten. Dabei spielte auch die Zukunft Polens eine wesentliche Rolle.

Friedrich hatte schon als Kronprinz darüber nachgedacht,

35 Prinz Heinrich,
Friedrichs Bruder
(1726–1802)

wie sich eine freie Verbindung von Pommern nach Ostpreußen herstellen ließe. In seinem *Politischen Testament* von 1752 vermerkte er sehr konkret:

»*(…) Polnisch-Preußen wird besser nicht durch Waffen erobert, sondern im Frieden verspeist, in der Weise einer Artischocke, Stück für Stück. Polens Wahlmonarchie wird die Gelegenheit dazu geben.*«[2]

Es war ein Zufall, dass Österreich in dieser kritischen Situation aufgrund einer ausbrechenden Seuche ein Grenzgebiet in Polen zum Sicherheitsgebiet erklärte und abriegelte. Dieser Akt regte jedoch bei der Zarin Katharina II. und ihren Diplomaten den Gedanken an, Russland, Österreich und Preußen könnten jeweils einen Teil von Polen besetzen, wovon alle etwas hätten. Friedrich war seit Langem auf diesen Gedanken vorbereitet. Österreich, so erwartete er, würde,

36 *Friedrich der Große, im Alter ein weiser Diplomat*

wenn es wegen der Türkei zwischen einem Krieg gegen Russland oder einem Stück von Polen zu entscheiden hätte, schon die richtige Wahl treffen. Der Teil von Polen, der zu Österreich käme, müsste nur groß genug sein. So bahnte sich unter entscheidender Mitwirkung des Prinzen Heinrich, der noch in Russland weilte, eine ganz neue Konstellation an, durch die der russisch-türkische Konflikt und die russisch-österreichischen Drohungen beigelegt werden konnten. Friedrich hielt in diesem Zusammenhang fest:

»(…) Für eine Erwerbung des Herzogtums Ermland habe ich mich nicht entschließen können: Eine solche Kleinigkeit würde den Entrüstungsschrei nicht lohnen, den sie hervorrufen würde. Polnisch-Preußen dagegen würde die Mühe schon verlohnen, selbst ohne Danzig, denn dann hätten wir die Weichsel und freie Verbindung mit Ostpreußen.«[33]

Der Vorschlag war, dass sich Russland, Österreich und Preußen die Landgebiete Polens, die den eigenen Staaten am nächsten waren, aneignen sollten. Gleichzeitig sollten die Konflikte mit der Türkei ohne Gebietsansprüche Russlands beigelegt werden. Auch wenn Maria Theresia größte Vorbehalte gegen diese rechtlosen Pläne hatte, kam es doch 1772 zur ersten polnischen Teilung. Preußen erhielt Pommerellen – außer Danzig und Thorn –, das im 13. Jahrhundert durch Polen von Pommern abgetrennt worden war. Diese neue Provinz wurde Westpreußen genannt. Friedrich gelangte auf diese Weise in den Besitz des ganzen ursprünglich preußischen Landes und nannte sich von nun an nicht mehr »König in Preußen«, sondern »König von Preußen«. Mit den Mitteln der Diplomatie war ein gefährlicher Konflikt aus der Welt geschafft worden.

Österreich musste seine Hoffnungen aufgeben, Schlesien gegen die neuen polnischen Gebiete von Preußen zurückzuerhalten, Katharina musste von ihrem Plan, sich ganz Polen einzuverleiben, Abstand nehmen, und Friedrich hätte Danzig sehr gerne schon bei dieser ersten Teilung übernommen. Alle diese Wünsche mussten in andere Richtungen gelenkt werden, damit der Friede erhalten blieb. Da sich nirgends Widerstand regte, konnten die drei Mächte in Polen letztlich schalten und walten, wie es ihnen beliebte. Es war nicht erforderlich, zum Landerwerb auch nur einen Schuss abzufeuern. 1793 erfolgte dann die zweite und 1795 die dritte Teilung Polens.

Die Zarin schrieb an Heinrich:

»Sie haben nicht nur drei Köpfe, sondern sogar drei Kronen unter einen Hut gebracht. Der Beweis ist der Teilungsvertrag, der am 5. August zwischen dem König, Ihrem Bruder, Österreich und mir

unterzeichnet wurde. Ihre Königliche Hoheit waren der Erste, der dieses Geschäft in Gang gebracht hat, mit dem eine neue Epoche beginnt, und wir alle haben ihm dafür zu danken.«[16]

De Catt hatte gelegentliche Begegnungen mit dem Prinzen Heinrich und charakterisierte ihn in seinem Tagebuch:

»*Prinz Heinrich hatte die Gabe, Menschen einander näherzubringen, stets das Verbindende herauszufinden, alles Trennende aber mit leichter Hand beiseitezuschieben. Wie mit dem König war der offene Kontakt auch mit ihm schnell hergestellt. Nur fehlten ihm wohl alle Eigenschaften, die den König faszinierend, in vielen Farben schillernd, interessant machten, ihm allerdings auch Feinde zuzogen. Es fiel leichter, Prinz Heinrich zu vertrauen als dem König, womit nicht gesagt werden darf, dass man Seiner Majestät nicht vertrauen konnte, doch tat man es auf etwas schwankendem Grund. Im Gegensatz zum Prinzen wusste man bei ihm nicht, ob er morgen noch dieselben Maxime vertreten würde wie heute.*«[26]

Wenn man Österreich jetzt nicht in seine Schranken weist

Als Kurfürst Maximilian III. Joseph von Bayern am 30. Dezember 1777 starb, erlosch mit ihm die bayerische Linie der Wittelsbacher. Die Regentschaft ging auf den Kurfürsten der Pfalz, Karl Theodor, über, und in der Zukunft, da dieser keine ehelichen Kinder hatte, sollte sie auf seinen nächsten Verwandten, den Herzog Karl von Pfalz-Zweibrücken, weitergegeben werden.

Dieser jedoch verstarb vorzeitig, sodass dessen Bruder Maximilian die Erbfolge antrat. Damit kam es wegen der Verbindung mit der Pfalz zu einem Machtzuwachs Bayerns, der Kaiser Joseph II. einerseits störte, andererseits lockte.

Dieser ergriff, trotz des heftigen Widerspruchs Maria Theresias, die lange gesuchte Gelegenheit, brachte den politisch noch unerfahrenen Kurfürsten von Bayern dazu, auf Niederbayern und die Oberpfalz zu verzichten, und versuchte, durch raschen Einmarsch in diese Gebiete, Tatsachen zu schaffen. Joseph II. hatte aber nicht mit dem preußischen König gerechnet.

Friedrich II. sah in diesem Vorgehen, von Joseph II. als freundschaftliche Einigung dargestellt, einen Missbrauch kaiserlicher Macht und vor allem eine Störung des Machtgleichgewichts zwischen Österreich und Preußen.

»Wenn man Österreich jetzt nicht in seine Schranken weist, werden seine Ambitionen, die Vorherrschaft im Reich auf unsere Kosten zu erlangen, nicht mehr zu bremsen sein.«[16]

Heinrich war ganz anderer Meinung als der König. Er versuchte verzweifelt, einen Krieg zu vermeiden und seinen Bruder zu Verhandlungen mit Österreich zu bringen. Heinrich schrieb am 29. März 1778 an Friedrich:

»Ich sehe voraus, dass in kurzem alles, was ein Staat Kostbares hat, dem Schicksal überlassen sein wird. Güter, Leben, guter Ruf, Ruhm und die Sicherheit der Gesellschaft.«[16]

Friedrich war für Heinrich ein »blutdürstiges Ungeheuer«. Friedrich versuchte daraufhin, seinem Bruder seine Auffassung und Schlussfolgerung zu erklären:

»Der Mensch ist zum Handeln bestimmt, und wie können wir je nützlicher handeln, als indem wir das tyrannische Joch zerbrechen, das die Österreicher dem Nacken Deutschlands auferlegen wollen? In einer solchen Lage müssen wir unser Ich vergessen, nur an das Vaterland denken und dürfen nicht eine solche Unmöglichkeit wie den Frieden in Betracht ziehen.«[14]

Der preußische König sah sich als Verteidiger der Freiheit Deutschlands, denn dieser Angriff auf die Souveränität Bayerns beunruhigte die anderen deutschen Länder und das Ausland. Friedrich gab Kurfürst Karl Theodor das Versprechen, seine Rechte mit allen Mitteln zu schützen. Frankreich und Russland, auch wenn sie sich an einer möglichen kriegerischen Auseinandersetzung nicht beteiligen wollten, unterstützten die preußische Position. Da alle diplomatischen Be-

37 *Kaiser Joseph II.*
(1741–1790), Erzher-
zog von Österreich,
König von Ungarn
und Böhmen

mühungen und auch ein intensiver Briefwechsel zwischen
Friedrich II. und Joseph II. zu keiner Lösung führten, ent-
schloss sich Friedrich, noch einmal seine Armee gegen Österreich marschieren zu lassen. Der Bayerische Erbfolgekrieg
begann.

Wie anders klang Friedrichs Ansprache an seine Generäle
jetzt, verglichen mit der aus dem Jahr 1740:

»Meine Herren!
Die meisten unter uns haben von ihren frühesten Jahren an zusam-
men gedient und sind im Dienste des Vaterlandes grau geworden.
Wir kennen einander also vollkommen wohl. Wir haben die Un-
ruhen und Beschwerlichkeiten des Krieges schon redlich miteinander

geteilt, und ich bin überzeugt, dass Sie ebenso ungern Blut vergießen als ich. Aber mein Reich ist jetzt in Gefahr. Mir obliegt als König die Pflicht, meine Untertanen zu beschützen, auch die kräftigsten und schleunigsten Mittel anzuwenden, um das über ihnen schwebende Ungewitter, wo möglich, zu zerstreuen.

Diesen wichtigen Vorsatz zu bewerkstelligen, rechne ich auf Ihren Diensteifer und Ihre Neigung zu meiner Person, welche Sie noch allemal gezeigt haben und die auch bisher nie ohne Wirkung war.

Übrigens können Sie versichert sein, dass ich die Dienste, die Sie Ihrem Könige und Vaterland leisten, stets mit warmem Herzen und wahrer Dankbarkeit erkennen werde. Nur darum will ich Sie bitten, dass Sie die Menschlichkeit nicht aus den Augen setzen, wenn auch der Feind in Ihrer Gewalt ist, und dass Sie die unter Ihren Befehlen stehenden Truppen die strengste Manneszucht beobachten lassen.

Ich reise jetzt ab; aber ich verlange nicht als König zu reisen; reiche und schöne Equipagen haben keinen Reiz für mich, doch erlaubt mir mein schwächliches Alter nicht, so zu reisen, wie ich in der feurigen Jugend tat. Ich werde mich einer Postkutsche bedienen müssen, und Sie haben die Freiheit, eben dergleichen zu tun; aber am Tage einer Schlacht werden Sie mich zu Pferde sehen, und da hoffe ich, werden meine Generäle meinem Beispiel folgen.«[11]

Friedrich reiste am 2. April 1778 nach Breslau und übernahm dort die schlesische Armee. Heinrich kommandierte die Truppen in Sachsen. Am 5. Juli marschierte Friedrich in Böhmen ein. Noch einmal wurden diplomatische Bemühungen zur Lösung des Konfliktes angestrengt, erneut ohne Erfolg. Inzwischen standen sich, da die schlesischen und sächsischen Truppenteile mit der preußischen Armee in Böhmen zusammengekommen waren, eine sehr große preußische und eine ebenso große und ebenso gut ausgerüstete österreichische Armee gegenüber.

Es kam jedoch zu keinem Kampf, und die lange Wartezeit wurde zu einem großen Problem für beide Seiten. Preußen hatte fast dreimal so viele Truppen ins Feld geführt wie im Siebenjährigen Krieg. Dies bedeutete aber auch dreimal so viel Verpflegung für Soldaten und Pferde. Im Lager starben die Soldaten an Ruhr, es gab Tausende Deserteure. So wurden die Fronten aufgelöst, und die Armeen begannen den Rückzug. Friedrich verbrachte den Winter in Breslau. Von russischer Seite kam ein Hilfsangebot an Preußen, die Franzosen dagegen weigerten sich, Österreich zu unterstützen. Als Joseph II. bereits begonnene Verhandlungen abbrach, schrieb Maria Theresia überraschend an Friedrich:

»(…) Mein Alter und mein Wunsch für die Erhaltung des Friedens sind allgemein bekannt, und ich könnte dafür keinen auffälligeren Beweis geben als durch den Schritt, den ich jetzt unternehme. Mein Mutterherz ist mit Recht beunruhigt, zwei Söhne und einen geliebten Schwiegersohn bei der Armee zu sehen. Ich handle ohne Wissen des Kaisers, und ich bitte darum, dass dieser Schritt ein Geheimnis bleibe, möge er nun Erfolg haben oder nicht. Ich möchte die Verhandlungen, die er bisher geführt und zu meinem Bedauern abgebrochen hat, erneuern und zu Ende führen.«[14]

Wien schien also bereit zu Verhandlungen, auch weil es die für eine weitere Kriegführung erforderlichen Geldmittel nirgends auftreiben konnte. Da aber Joseph II. und Staatskanzler Kaunitz noch für eine längere Zeit einen gegensätzlichen Standpunkt vertraten, ging einige Zeit ins Land.
Schließlich wurde im März 1779 ein Waffenstillstand, im Mai der Friede geschlossen. Bayern wurde, bis auf ein kleines Gebiet nahe der österreichischen Grenze, Karl Theodor von der Pfalz zurückgegeben. Friedrich hatte sich durch seine

*38 Maria Theresia
(1717–1780) im
Alter mit Friedrich
dem Großen ver-
söhnt*

uneigennützige Bereitschaft zu vermitteln, viel Vertrauen in
den Ländern erworben. Preußen hatte deutsche Interessen
vertreten.

Joseph, seit dem Tod seiner Mutter im November 1780 Al-
leinherrscher in Österreich, gab jedoch noch nicht auf, Bayern für sich zu gewinnen. Er wollte Karl Theodor von Pfalz-
Bayern nun dazu bewegen, ihm Bayern im Tausch gegen die
Niederlande zu überlassen. Einen entsprechenden Vorschlag
unterbreitete er im Jahr 1784, der auf die entschiedene Geg-
nerschaft des voraussichtlichen Erben, Herzog Karl August
von Pfalz-Zweibrücken stieß. Friedrich gründete daraufhin
zur besseren Absicherung deutscher Interessen den Deutschen Fürstenbund, ein Vorhaben, das er bereits einige Zeit

zuvor entworfen hatte, das jetzt aber erstmals realisierbar schien. Schon am 23. Juli 1785 bildeten Sachsen und Hannover gemeinsam mit Preußen ein Drei-Kurfürsten-Bündnis, sehr bald gefolgt vom Erzbischof von Mainz – dem als Erzkanzler des Reiches eine besondere Rolle unter den katholischen Reichsfürsten zukam – und von den anderen deutschen Ländern Baden, Hessen, Weimar, Gotha, Ansbach, Anhalt, Braunschweig und Mecklenburg. Als sich am 4. Oktober 1785 auch Herzog Karl August von Pfalz-Zweibrücken dem Fürstenbund anschloss und erklärte, unter keinen Umständen einem Ländertausch Wittelsbacher Territorien gegen die Niederlande zuzustimmen, war ein wesentliches Ziel des Fürstenbundes erreicht.

Friedrich war es gelungen, dank der Anerkennung und des Vertrauens, das man ihm entgegenbrachte, die deutschen Staaten auf freiwilliger Basis zu einem Bund zusammenzufügen, bei dem man das zweite Deutsche Reich, das Bismarck später schmiedete, bereits erahnt, auch wenn der Fürstenbund eher als eine Art Verteidigungsbündnis gedacht war:

»(…) Ein Bund, wie ich ihn vorschlage, geht nur darauf aus, die Besitzungen eines jeden zu sichern. Er soll verhindern, dass es einem ehrgeizigen und unternehmenden Kaiser gelingt, die deutsche Verfassung umzustoßen, indem er sie stückweise zerstört. (…) Der Vorteil dieses Bundes besteht nun darin, dass, wenn der Kaiser seine Macht missbrauchen will, die vereinte Stimme aller Reichsstände ihm Respekt und Mäßigung einflößen kann.«[2]

Du fragst mich, lieber Bruder

Bereits einige Jahre zuvor, am 30. Mai 1778 war Voltaire gestorben. Friedrich hatte am 25. Januar 1778 sein letztes Schreiben an den französischen Philosophen gesandt, der 42 Jahre anhaltende Briefwechsel war mit einem Brief von Voltaire vom 1. April 1778 beendet worden. Im Alter von 24 Jahren (1736) hatte Friedrich, zu der Zeit noch Kronprinz, zum ersten Mal an Voltaire geschrieben. Er hatte in Voltaires Schriften seine eigenen Gedanken zu Herrscherpflichten, Toleranz, Aufklärung und Verantwortungsgefühl wiedergefunden und darauf gebrannt, die Beziehung zu Voltaire zu vertiefen und alle seine Werke kennenzulernen.

Seit jener Zeit behandelte der oft intensive Briefwechsel alle Themen der Geschichte, Philosophie, Metaphysik, Ereignisse des Krieges, ja sogar einige Fragen der Physik. Es ging um Fragen von persönlichem Glück und Selbstbestimmung, und so formulierten die Briefe oft Spitzen gegen Würdenträger in den Ländern und der Kirche und das Bekenntnis zu Toleranz und Gerechtigkeit. Viele der Briefe enthielten Verse und oft längere Gedichte.

Voltaire besuchte den König dreimal: in den Jahren 1740, 1743 und von 1750–1753. Aber, wie auch bei den beiden früheren Begegnungen, war Friedrich besonders während dieses letzten Besuchs zutiefst enttäuscht von Voltaire, wie er in einem Brief vom Februar 1751 zum Ausdruck brachte:

39 Voltaire
(1694–1778)

»(...) Was mich angeht, so herrschte bis zu Ihrem Eintreffen in meinem Hause Frieden; und ich lasse Sie wissen, dass Sie bei mir an die falsche Adresse geraten sind, so Sie eine Leidenschaft zum Intrigieren und Ränkeschmieden haben. Ich liebe sanfte und friedfertige Menschen, die in ihrem Verhalten nicht die heftigen Leidenschaften der Tragödie an den Tag legen. Falls Sie sich entschließen können, als Philosoph zu leben, wird es mir sehr angenehm sein, Sie zu sehen; aber falls Sie sich allen Stürmen Ihrer Leidenschaften hingeben, aller Welt am Zeuge flicken, so werden Sie mir keine Freude bereiten, wenn Sie hierherkommen, und Sie können dann genauso gut in Berlin bleiben.«[13]

Der tiefe Bruch zwischen den Freunden im Jahr 1753, bei dem sich Voltaire verletzt und gedemütigt fühlte, wurde durch die intellektuelle Anziehungskraft beider mit der Zeit überwunden. Sie waren sich gegenseitig zu wichtig und konnten auf den Gedankenaustausch nicht verzichten. Hatte Friedrich noch im Jahre 1758 gegenüber de Catt geäußert, *»die Welt hat kein schöneres Genie hervorgebracht, als Voltaire es ist, aber ich verachte ihn ganz und gar, weil er nicht ehrlich ist«[30]*, sprach er gegen Ende seines Lebens, im Frühjahr 1785, sieben Jahre nach Voltaires Tod anders über ihn in einer Unterhaltung mit dem Grafen Ségur:

»Ja, ich habe über ihn zu klagen gehabt, aber wir hatten uns ausgesöhnt. Ich habe sein Unrecht vergessen; ich erinnere mich nur noch des Genusses und der Bereicherung, die ich von seinen Werken hatte.«[30]

40 Tafelrunde Friedrichs, Zieten (rechts sitzend) schläft

Voltaire war, wann immer er den König in Potsdam besuchte, eine zentrale Figur der königlichen Tafelrunde, jenes legendären Gesprächskreises, der sich abends traf. In den dort stattfindenden Diskussionen ließ man kein Thema unberührt und tauschte sich über Literatur, Philosophie, Geschichte, Theologie, Naturwissenschaften, Fortschritte in der Medizin, ethische Fragestellungen und natürlich die Politik aus.

Je älter und einsamer der König wurde, nachdem seine geliebten Freunde gestorben waren, umso schwieriger wurde sein Charakter und der Umgang auch mit den Gästen der Tafelrunde. Diese, es waren unter anderem noch Maupertuis, d'Argens, Algarotti, George Keith und der junge Lucchesini, freuten sich, auserwählt zu sein, litten aber doch zunehmend unter dem Sarkasmus des Königs, seinen ständigen Sticheleien und fast unerträglichen Verspottungen. Als d'Argens 1768 seinen Abschied nahm und Potsdam verließ, schrieb er: »(…) glücklich, die Reden nicht mehr hören zu müssen, von denen einige jedes menschliche Gefühl empören.«[7]

Friedrich sprach und schrieb fast ausschließlich Französisch, sein Deutsch war, wie ers selbst sagte, unbeholfen; er hatte seit seiner Jugend kein deutsches Buch gelesen. So hatte er kaum zur Kenntnis genommen, dass in Deutschland eine literarische Evolution stattgefunden hatte, die später zur Deutschen Klassik wurde. Aber Friedrich konnte so bedeutenden Schriftstellern und Denkern wie Lessing, Klopstock, Herder, Wieland, Goethe, Schiller und Kant keine Sympathie entgegenbringen, auch wenn er Kant im Jahr 1770 zum Ordinarius für Logik und Metaphysik ernannte.

»Was hätte ich tun können, um die deutschen Autoren zu begünstigen im Vergleich zu der Wohltat, die ich ihnen erwies, indem ich sie ihre eigenen Wege gehen ließ?«[14], sagte er zu Mirabeau. Aber er wollte doch in einer eigenen Abhandlung begründen, warum ihm die deutsche Sprache fremd war und er die deutschen Autoren nicht schätzte. In dem Aufsatz *Über die deutsche Literatur, Mängel, die man ihr vorwerfen kann, ihre Ursachen und die Mittel zu ihrer Verbesserung*[2] aus dem Jahr 1780 verglich Friedrich die deutsche mit den Sprachen anderer Länder, z.B. Griechenlands, Italiens, Frankreichs, Englands und wies darauf hin, dass die deutsche Sprache darunter leide, dass sie in ebenso vielen Mundarten erscheint, als es Provinzen gebe.

»Es gibt noch keine von der Nation anerkannte Sammlung einer Auswahl von Wörtern und Ausdrücken, die die Reinheit der Sprache festhält. (…) Ich werfe ihr vor, dass sie weitschweifig, spröde und unmelodisch ist und dass es ihr an der Fülle bildlicher Ausdrücke gebricht, die notwendig sind, um gebildeten Sprachen neue Wendungen und Anmut zu geben.«[2]

Deutschland habe in der Zeit, als z.B. in Frankreich große Fortschritte in der Ausbildung der modernen Sprache gemacht worden seien, unter den Wirren und Verheerungen des 30-jährigen Krieges gelitten und habe sich wegen weiterer Kriege auch nach dem Westfälischen Frieden nicht erholen können. »Sollte man da zu Wien oder Mannheim Sonette oder Epigramme machen?«

Friedrich machte in demselben Aufsatz auch Vorschläge, wie sich dies ändern könnte, etwa mit verbesserten Methoden und durch mehr Lehrpersonal in Schulen und Universitäten. Er endete die Ausführungen:

»Doch wer zuletzt kommt, überholt bisweilen seine Vorgänger. Das könnte bei uns schneller geschehen, als man glaubt, sobald die Herr-

scher Geschmack an der Literatur finden, sobald sie die ermuntern, die sich ihr widmen, und die loben und belohnen, die am meisten geleistet haben. Wir werden unsere Klassiker haben. Jeder wird sie lesen, um von ihnen zu lernen.

Unsere Nachbarn werden Deutsch lernen. Die Höfe werden mit Vergnügen Deutsch sprechen, und es kann geschehen, dass unsere geschliffene und vervollkommnete Sprache sich dank unserer guten Schriftsteller von einem Ende Europas zum anderen verbreitet. Diese schönen Tage unsrer Literatur sind noch nicht gekommen, aber sie nahen.«[2]

Auch im hohen Alter arbeitete der König nicht nur in Potsdam oder Berlin, sondern besuchte auf regelmäßigen Reisen alle Provinzen, wodurch er in großer Nähe zu seinem Volke blieb. Die Erfahrung der Menschen, dass der König sie anhörte und ein gerechter Herrscher war, brachte es mit sich, dass Friedrich außerordentlich beliebt war und von der Bevölkerung zutiefst verehrt wurde. So berichtete ein Augenzeuge von der letzten Dienstreise des Königs im August 1785:

»Man las es auf allen Gesichtern, dass man etwas Großes mit Freuden erwarte. Endlich kam er, der Einzige, und aller Augen waren mit dem sprechendsten Ausdruck auf ihn gerichtet. Ich kann die Empfindung nicht beschreiben, die sich meiner und gewiss aller bemächtigte, als ich ihn sah, den Greis, in der schwachen Hand den Hut, im großen Auge freundlichen Vaterblick auf die unzählige Menge, die seinen Wagen umgab und stromweise begleitete. Alle, die das Glück hatten, ihn zu sprechen, waren über die väterliche Milde des großen Königs außerordentlich gerührt. Der ganze Tag war für die Stadt ein Festtag und man sprach von nichts, als dass der König so freundlich gewesen wäre und auf die Menge so mit Wohlwollen geblickt hätte.«[4]

Auch General Ludwig von der Marwitz zeigte sich von der Liebe des Volkes zu König Friedrich II. beeindruckt:

»Das dritte Mal sah ich ihn in demselben Jahr von der Revue zurückkommen. (...) Das ganze Rundteil und die Wilhelmstraße waren gedrückt voll Menschen, alle Fenster voll, alle Häupter entblößt, überall das tiefste Schweigen und auf allen Gesichtern ein Ausdruck von Ehrfurcht und Vertrauen, wie zu dem gerechten Lenker aller Schicksale. Der König ritt ganz allein vorn und grüßte, indem er fortwährend den Hut abnahm. Bald lüftete er den Hut nur ein wenig, bald nahm er ihn von seinem Haupte und hielt ihn eine Zeit lang neben diesem, bald senkte er ihn bis zur Höhe des Ellenbogens herab.

Bei dem Palaste der Prinzessin Amalie in der Wilhelmstraße angekommen, war die Menge noch dichter, denn sie erwartete den König da. Er lenkte in den Hof hinein, die Flügeltüren gingen auf, und die alte lahme Prinzessin Amalie, auf zwei Damen gestützt, wankte die flachen Stiegen hinab, ihm entgegen. Sowie er sie gewahr wurde, setzte er sich in Galopp, hielt, sprang rasch vom Pferde, zog den Hut, umarmte sie, bot ihr den Arm und führte sie die Treppe wieder hinauf. Die Flügeltüren gingen zu, alles war verschwunden, und noch stand die Menge, entblößten Hauptes, schweigend, alle Augen auf den Fleck gerichtet, wo er verschwunden war, und es dauerte eine Weile, bis ein jeder sich sammelte und ruhig seines Weges ging. Und doch war nichts geschehen. Keine Pracht, kein Feuerwerk, keine Kanonenschüsse, kein Trommeln und Pfeifen, keine Musik, kein vorangegangenes Ereignis! Nein, nur ein 73-jähriger Mann, schlecht gekleidet, staubbedeckt, kehrte von seinem mühsamen Tagewerk zurück. Aber jeder wusste, dass dieser Alte auch für ihn arbeitete, dass er sein ganzes Leben an diese Arbeit gesetzt und sie seit 45 Jahren noch nicht einen Tag versäumt hatte. Jedermann sah die Früchte seiner Arbeiten, nah und fern, rund um sich her, und wenn man auf ihn blickte, so regten sich Ehrfurcht, Bewunderung, Stolz, Vertrauen, kurz, alle edleren Gefühle des Menschen.«[4]

Der König war zu dieser Zeit schon seit Längerem krank und litt unter allgemeiner Schwäche. Er war auch seit einigen Jahren zunehmend nachlässig gekleidet. Hose, Überrock und Hut waren abgeschabt, das Leder der Stiefel mitgenommen und abgetragen, sein Anzug von dem häufig gebrauchten Schnupftabak stark verschmutzt. Niemand schien sich um ihn zu kümmern, oder es wurde niemandem erlaubt.

Sein gesundheitlicher Zustand verschlechterte sich sehr deutlich und schnell im Winter 1785/86. Zu den seit vielen Jahren immer wieder auftretenden schweren Gichtanfällen kamen jetzt weitere Erkrankungen hinzu, die zu Atemnot und Wassereinlagerung in den Beinen führten.

Die Atemnot wurde so stark, dass der König schließlich nicht mehr im Bett liegen konnte, sondern in einem Sessel aufrecht sitzend die Nacht zubringen musste. Ärztlichen Rat lehnte er ab.

Eine letzte politische Tat mit Weitblick gelang Friedrich noch. Es ging um den Abschluss eines Handelsvertrages mit dem seit dem *Pariser Frieden* 1783 unabhängigen Amerika. Die Initiative hierzu war von den Vereinigten Staaten ausgegangen, die in zahlreichen europäischen Ländern, mit denen sie Handel treiben wollten, vorstellig geworden waren; aber Preußen war das einzige Land, das zu jener Zeit bereit war, einen solchen Vertrag mit Amerika zu verhandeln. Amerika und Preußen ging es in diesem Vertrag gleichermaßen um die Respektierung völkerrechtlicher Grundsätze wie um die Sicherung der Freiheit der Meere.

Friedrich war außerordentlich populär in Amerika:

»(…) Auch die leitenden Geister der amerikanischen Revolution be-
trachteten den König als einen der Ihren. Er galt in ihren Augen als
der Schiedsrichter und weiseste Mann Europas, als der Fürst, der
schon vermöge seiner geistigen Überlegenheit und der vermeintlichen
Gleichheit seiner Ziele auf ihrer Seite stehen musste.«[31]

Der preußische König schloss den ersten Handelsvertrag mit
den Vereinigten Staaten von Amerika, der am 6. Juni 1786
als Anhang des *Daily Advertiser* in den USA veröffentlicht
wurde. Auch hier legte Friedrich großen Wert darauf, die
Menschenrechte als gültiges Völkerrecht festzuschreiben.
27 Artikel ordneten die Handelsbeziehungen, garantierten
aber darüber hinaus die Gewissens- und Glaubensfreiheit
aller Personen auf den Territorien der Vertragspartner. Der
Vertrag regelte auch den Umgang mit Kriegsgefangenen, die
nicht in ferne Gegenden verschleppt und auch nicht in Ge-
fängnissen untergebracht werden sollten. Offizieren sollten
bequeme Unterkünfte zugewiesen werden.
Präsident George Washington schrieb dazu am 15. August
1786 an Lafayette:

»(…) Er ist der freisinnigste Vertrag, der je von unabhängigen Mäch-
ten abgeschlossen wurde, durchaus originell in verschiedenen seiner
Artikel.«[31]

Im Frühjahr 1786 wurde der König schnell schwächer und
hinfällig. Seinem Bruder Heinrich schrieb Friedrich am
2. April 1786 über seinen Zustand:

»Mein lieber Bruder, ich bin, wie es sich gebührt, sehr gerührt von
dem Anteil, den Du an meiner zerrütteten Gesundheit nimmst. Seit
ich die Ehre hatte, Dich zu sehen, haben meine Leiden sich sehr ver-

schlimmert. Ich kann nicht mehr schlafen und verbringe die Nächte unter fortwährenden Beängstigungen. Ich schleppe mich von einem Fleck zum anderen und finde nirgends Ruhe. Mein Asthma hat sehr zugenommen, meine Kräfte schwinden; kurz, offen gesagt, rechne ich nur noch mit Tagen.

Man hat mir Senfpflaster aufgelegt. Die Stelle hat sich entzündet und die Entzündung ist noch nicht völlig geheilt. Ich schriebe Dir gern mehr, lieber Bruder; an Stoff fehlt es mir nicht, wohl aber an Kraft; und bei den häufigen Atembeklemmungen fällt mir die Feder aus der Hand. Der Himmel segne und erhalte Dich! Das ist mein innigster Wunsch.«[3]

Heinrich dagegen, Zeit seines Lebens in sehr ambivalenter Position zu seinem Bruder und Träger der innerfamiliären Opposition, gab in einem Brief an seinen Bruder Ferdinand zu:

»Ich weiß genau, dass ich über den Tod eines sehr bösen Menschen nicht weinen kann, den ich gezwungen war, ein ganzes Leben wie ein Damoklesschwert über meinem Haupte zu ertragen.«[16]

Friedrich verfasste auch an seine anderen Geschwister letzte Schreiben, so am 7. August an seinen Bruder Ferdinand:

»Mein lieber Bruder, ich bin so gerührt von Deiner freundlichen Gesinnung und dem Wunsche, mich wiederzusehen, den Du in Deinem gestrigen Brief ausdrückst. Aber meine Krankheit setzt mich außerstande, Dich gebührend zu empfangen, und so musst Du schon so gütig sein, Deinen Besuch aufzuschieben, bis ich mich wieder ein wenig kräftiger fühle. Inzwischen bin ich aufrichtig erfreut, dass Du Dich von Deinem letzten Unwohlsein völlig erholt hast, und bitte Dich, auf meine Liebe und Hochachtung zu zählen.«[3]

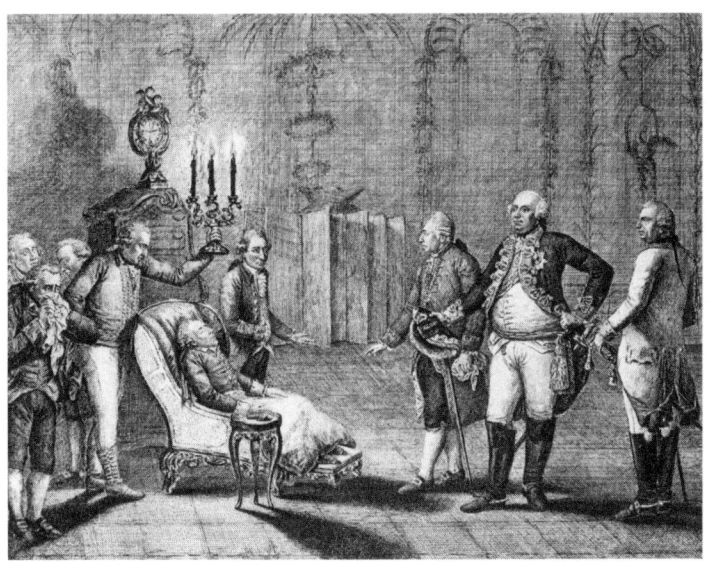

41 Tod Friedrichs am 17. August 1786. Friedrich hatte schon seit Längerem wegen großer Atemnot nicht mehr liegen können und musste im Sessel schlafen

Und am 10. August an seine Schwester Charlotte über seinen Arzt Zimmermann:

»(...) Aber die Wahrheit ist, dass er mir nichts genutzt hat. Das Alter muss der Jugend weichen, damit jede Generation ihren Platz findet. Und wohl erwogen, was ist das Leben? Es besteht darin, dass man seine Mitbürger sterben und zur Welt kommen sieht. Inzwischen fühle ich mich seit einigen Tagen etwas erleichtert. Mein Herz bleibt Dir unveränderlich zugetan, meine gute Schwester.«[3]

Der Arzt Zimmermann, dem bewusst war, dass er dem König nicht mehr helfen konnte, erinnerte seinen letzten Besuch bei Friedrich II.:

165

»*Nun nahm der König seinen Hut mit unbeschreiblicher Würde, Huld und Freundlichkeit ab, neigte sein Haupt und sprach: ›Adieu, mein guter, mein lieber Herr Zimmermann. Vergessen Sie den guten alten Mann nicht, den Sie hier gesehen haben!‹ Meine Brust war wie zerrissen. Es schien mir, als müsse ich auf der Stelle ersticken. (…) Ich beugte mich noch einmal, so tief ich konnte, eilte mit blutendem Herzen nach dem Vorzimmer und verging fast vor Betäubung, Wehmut und Schmerz.*«[32]

Friedrich der Große starb am 17. August 1786 gegen halb drei Uhr in der Nacht.

Anhang

Zeittafel

1712	24. Januar: Geburt Friedrichs in Berlin
1713	Friedrichs Vater folgt Friedrich I. als König Friedrich Wilhelm I. auf den Thron
1730	Friedrich versucht zu fliehen, wird festgenommen und in Küstrin in Haft gesetzt; Enthauptung Kattes
1731	Februar: Schreiben des Kronprinzen an den Kammerjunker von Natzmer
1732	Der König schenkt Friedrich das Schloss Rheinsberg
1733	Vermählung Friedrichs mit Prinzessin Elisabeth Christine von Braunschweig-Bevern
1736	Erster Brief Friedrichs an Voltaire
1738	*Betrachtungen über den gegenwärtigen politischen Zustand Europas*
1739	*Antimachiavell*
1740	31. Mai: Tod Friedrich Wilhelms I., Friedrich wird König
	20. Oktober: Tod Kaiser Karls IV.
	28. Oktober: Tod der russischen Zarin Anna Ivanovna, der Kaiserin Elisabeth nachfolgt
	16. Dezember: Einmarsch Friedrichs in Schlesien, Erster Schlesischer Krieg (1740–1742)
	Entwurf zur *Darlegung der Gründe, aus denen der König in Schlesien eingerückt ist*
1741	10. April: Schlacht bei Mollwitz
	Mai: Nymphenburger Vertrag zwischen Bayern und Spanien gegen Österreich, dem sich später Preußen, Sachsen, Frankreich und Schweden anschließen, womit der Österreichische Erbfolgekrieg beginnt (1741–1748)

9. Oktober: geheime Vereinbarung zwischen Österreich und Preußen, Friedrich verlässt die Allianz des Österreichischen Erbfolgekrieges

Dezember: Der bayerische Kurfürst Karl Albrecht lässt sich nach der Einnahme Prags zum böhmischen König ausrufen als Voraussetzung dafür, zum Kaiser gewählt werden zu können (Kaiser Karl VII., 1742–1745)

1742   17. Mai: Schlacht bei Chotusitz

28. Juli: Friede von Berlin unter Vermittlung durch England. Preußen erhält Ober- und Niederschlesien, die Grafschaft Glatz und einen Distrikt von Mähren. Der Erste Schlesische Krieg ist beendet. Dieser Separatfriede wird von Preußens Verbündeten Frankreich, Sachsen und Bayern heftig kritisiert

1743   September: Bündnis zwischen Österreich, England, Holland und Sardinien, später auch Sachsen gegen Preußen

1744   Friedrich will Österreich daran hindern, Bayern dauerhaft in Besitz zu nehmen; Österreich kann mit Unterstützung Ungarns die französischen Truppen aus Böhmen vertreiben

5. Juni: Preußen verbündet sich erneut mit Frankreich und Bayern und beschließt einen Angriffskrieg gegen Österreich. Großbritannien bleibt neutral

15. August: Friedrich überschreitet die böhmische Grenze. Der Zweite Schlesische Krieg beginnt (1744–1745)

21. August: Sophie-Auguste von Anhalt-Zerbst (später Katharina die Große) wird durch Vermittlung Friedrichs mit dem russischen Thronfolger vermählt

29. August: Friedrichs Schwester Ulrike heiratet den schwedischen Thronfolger

Entwurf zur *Darlegung der Gründe, aus denen der König sich genötigt sieht, dem Kaiser Hilfstruppen zu stellen*

1745   8. Januar: Niederlande, Großbritannien, Österreich und Sachsen/Polen schließen den Warschauer Vertrag gegen Preußen

20. Januar: Tod Karls VII., Karls Sohn einigt sich mit Österreich und erhält Bayern zurück

4. Juni: Schlacht bei Hohenfriedeberg

30. September: Schlacht bei Soor

15. Dezember: Schlacht bei Kesselsdorf

25. Dezember: Friede von Dresden, Ende des Zweiten Schlesischen Krieges. Nach dem Tod Kaiser Karls VII. wird Franz von Lothringen, der Gemahl Maria Theresias, als Kaiser Franz I gekrönt

1746–48   *Denkwürdigkeiten zur Geschichte des Hauses Brandenburg*
1748   Friede von Aachen, Ende des Österreichischen Erbfolgekrieges
1752   Friedrich verfasst sein *Politisches Testament*. Wenzel Graf Kaunitz-Rietberg wird Staatskanzler in Wien
1756   In einem Bündnis mit England, der sogenannten Westminster-Konvention, verpflichtet sich Preußen, Hannover gegen einen möglichen Angriff von Frankreich zu verteidigen
          1. Mai: Versailler Vertrag, ein Bündnis zwischen Frankreich und Österreich, später auch Russland und Schweden gegen Preußen
          29. August: Preußische Truppen marschieren in Sachsen ein. Der Siebenjährige Kriegt beginnt
          August: *Darlegung der Gründe, die Se. Majestät den König von Preußen gezwungen haben, den Anschlägen des Wiener Hofes zuvorzukommen*
          1. Oktober: Schlacht bei Lobositz
1757   22. Januar: Konvention von Sankt Petersburg, in der sich Österreich und Russland zu einem offensiven Bündnis mit dem Ziel, Preußen zu vernichten, zusammenschließen
          6. Mai: Schlacht bei Prag. Graf Schwerin fällt
          18. Juni: Schlacht bei Kolin
          30. August: Schlacht bei Groß-Jägersdorf
          5. November: Schlacht bei Roßbach
          5. Dezember: Schlacht bei Leuthen. Breslau und Liegnitz werden zurückgewonnen. Schlesien bleibt bis auf Schweidnitz in preußischer Hand
1758   16. Januar: Russland marschiert in Ostpreußen ein
          25. August: Schlacht bei Zorndorf
          14. Oktober: Schlacht bei Hochkirch
1759   23. Juli: Wedell wird bei Kay vernichtend geschlagen
          12. August: Friedrich wird bei Kunersdorf geschlagen
          20. November: General Finck wird bei Maxen überwältigt und mit 12 000 Mann gefangen genommen

1760	15. August: Schlacht bei Liegnitz
	3. Oktober: Russische Truppen marschieren in Berlin ein und plündern die Stadt. Auf die Nachricht von Friedrichs Heimkehr ziehen sie sich zurück
	3. November: Schlacht bei Torgau
1761	Friedrich verschanzt sich im Lager von Bunzelwitz
	16. Dezember: Russische Truppen nehmen Kolberg ein. England stellt unter Georg III. die Subsidienzahlungen ein
1762	5. Januar: Tod der Kaiserin Elisabeth von Russland; sofortiger Friedensschluss durch ihren Neffen Zar Peter III.
	6. Juli: Tod des Zaren Peter III. Nach dessen Tod widerruft Kaiserin Katharina II. den Frieden zunächst, bestätigt ihn dann jedoch wieder
	21. Juli/29. Oktober: Die gegnerische Allianz wird bei Burkersdorf und bei Freiberg geschlagen
1763	15. Februar: Unterzeichnung des Friedensvertrages auf Schloss Hubertusburg. Ende des Siebenjährigen Krieges
	Dezember: *Geschichte des Siebenjährigen Krieges*
1764	11. April: Bündnisvertrag zwischen Russland und Preußen
1765	Joseph II., Sohn von Maria Theresia und Franz I. wird nach dem Tod seines Vaters Kaiser
1767	Dezember: *Über die Erziehung*
1769	25. August: Treffen Friedrichs mit Joseph II. in Neiße
1770	Reise Prinz Heinrichs nach Schweden und Russland
1771	Erste Überlegungen zu einer Teilung Polens
1772	Erste Teilung Polens durch Russland, Preußen und Österreich
1775	Juli: *Geschichte meiner Zeit*
1778	Bayerischer Erbfolgekrieg (1778–1779)
1779	März: Waffenstillstand
	Mai: Unterzeichnung eines Friedensvertrags, bei dem Österreich auf seine Ansprüche verzichtet
	Juni: *Denkwürdigkeiten vom Hubertusburger Frieden bis zum Ende der Polnischen Teilung*
1780	November: *Über die deutsche Literatur*
	29. November: Tod Maria Theresias
1784	Joseph II. bietet einen Tausch der Niederlande gegen Bayern an
	Oktober: *Entwurf zum Deutschen Fürstenbunde*

1785	Gründung des Deutschen Fürstenbundes, um die Politik Wiens zu zügeln
1786	Juni: Handelsvertrag mit den USA
	17. August: Tod Friedrichs II.

Literaturnachweis

1 Mendelssohn-Bartholdy, Gustav: Der König, Ebenhausen, München und Leipzig 1913

2 Die Werke Friedrich des Großen, hrsg. von Max Hein und Berthold Volz, Berlin 1913 (10 Bände)

3 Briefe Friedrich des Großen, hrsg. von Max Hein, Berlin 1914 (2 Bände)

4 Endres, Fritz: Der König Friedrich der Große in Briefen, Berichten, Anckdoten, Ebenhausen bei München 1912

5 Dönhoff, Marion Gräfin: Preußen Maß und Maßlosigkeit, München, 2. Auflage 2010

6 Schoeps, Hans-Joachim: Preußen Geschichte eines Staates, Berlin 1966

7 Noack, Paul: Elisabeth Christine und Friedrich der Große, Stuttgart, 2. Auflage 2002

8 Mein Bruder Fritz, Denkwürdigkeiten aus dem Leben der Markgräfin Wilhelmine von Bayreuth, hrsg. von Georg Heinrich, Leipzig 1928

9 Fontane, Theodor: Küstrin – die Katte-Tragödie, in: Gesammelte Werke, 5. Band: Wanderungen durch die Mark Brandenburg, hrsg. von Peter Bramböck, München 1979

10 Henri de Catt, Vorleser Friedrichs des Großen: Die Tagebücher 1758–1760, hrsg. von Paul Hartig, München, Berlin, 1986

11 Kugler, Franz: Geschichte Friedrich des Großen, Köln 1988

12 Lewy, Ernst: Die Verwandlung Friedrich des Großen. Eine psychoanalytische Untersuchung, in: Psyche 49 (1995), S. 727–804

13 Aus dem Briefwechsel Voltaire – Friedrich der Große, hrsg. und übersetzt von Hans Pleschinski, Zürich 1992

14 Gooch, George Peabody: Friedrich der Große, Frankfurt am Main und Hamburg 1964

15 Carlyle, Thomas: Friedrich der Große, übersetzt von J. Neuberg und F. Althaus, überarbeitet von Friedrich Freiherr von der Goltz, Berlin 1925

16 Ziebura, Eva: Prinz Heinrich von Preußen, Berlin 2004

17 Giersberg, Hans-Joachim: Friedrich als Bauherr, Berlin 1986

18 Schneewind, Ursula: Jede Note an Dich gerichtet. Musikalische Widmungsgeschichten aus drei Jahrhunderten, Darmstadt 2010

19 Mann, Thomas: Friedrich und die Große Koalition, Stuttgart 1990

20 Friedrich der Große und Wilhelmine von Bayreuth Briefwechsel, Geheimes Staatsarchiv, Preußischer Kulturbesitz 14a 500/45 1 und 2

21 Voltaire: Über den König von Preußen, Memoiren, hrsg. und übersetzt von Anneliese Botond, Frankfurt am Main 1996

22 Kunisch, Johannes: Friedrich der Große. Der König und seine Zeit, München 2005

23 Schieder, Theodor: Friedrich der Große, Berlin 1983

24 Hinterlassene Werke Friedrichs II., Berlin 1788 (15 Bände)

25 Kannengießer, Adolf: Dreihundert ausgewählte Briefe Friedrich des Großen, Leipzig, o.J.

26 Kollo, Willi: Der Krieg geht Morgen weiter. Der König von Preußen unterhält sich mit dem Schweizer Henri de Catt. Berlin 1970

27 Dreißig Jahre am Hof Friedrich des Großen. Aus den Tagebüchern des Reichsgrafen Ernst Ahasverus Heinrich von Lehndorff, Kammerherrn der Königin Elisabeth Christine von Preußen, hrsg. von Karl Eduard Schmidt-Lötzen, Gotha 1907

28 Weizsäcker, Richard von: Zum 200. Todestag Friedrich des Großen. Ansprache im Schloss Charlottenburg in Berlin, 16. August 1986

29 Goethe, Johann Wolfgang von: Friedrich der Große, in: Gustav Sichelschmidt: Friedericus, ein preußisches Lesebuch, Stegen 2010

30 Erster Diener seines Staates. Friedrich der Große in ausgewählten Zitaten, hrsg. Von Hans-Dieter Hausmann, Kiel 2002

31 Kapp, Friedrich: Friedrich der Große und die Vereinigten Staaten von Amerika, Leipzig 1871

32 Heinrich, Gerd: Friedrich II. von Preussen, Leistung und Leben eines großen Königs, Berlin 2009

33 Bringmann, Wilhelm: Friedrich der Große. Ein Porträt, München 2006

Abbildungsnachweis

1 Bleistiftzeichnung von Adolph Menzel nach einem Gemälde von Antoine Pesne
2 Gemälde von Carlo Francesco Rusca
3 Brief des jungen Friedrich
4 Gemälde eines unbekannten Künstlers
5 Gemälde von Antoine Pesne
6 Kupferstich von J. G. Schmidt
7 Holzstich von Theobald von Öer
8 Bleistiftzeichnung von Adolph Menzel
9 Gemälde von Antoine Pesne
10 Kupferstich von J. Ch. Bacquon nach einem Gemälde von Nicolas-André Monsiau
11 Kupferstich von Georg Friedrich Schmidt
12 Kupferstich von Christian Wolffgang
13 Gemälde von Hans Georg Wenzeslaus von Knobelsdorff
14 Pastell von Jean-Étienne Liotard
15 Kupferstich von Johan Frederik Clemens und J. C. Richter nach einem Gemälde von Edmund Francis Cunningham
16 Kupferstich von Philipp Andreas Kilian nach einem Gemälde von Martin Meytens
17 Kupferstich von Daniel Chodowiecki
18 Bleistiftzeichnung von Adolph Menzel
19 Gemälde von J. C. Frisch
20 Stich von J. Daullé nach R. Tournière
21 Kupferstich von Jacob Schmutzer
22 Kupferstich von Daniel Chodowiecki
23 Kupferstich von Daniel Berger nach einem Gemälde von J. C. Frisch
24 Kupferstich von Daniel Berger nach einem Gemälde von J. D. Schubert
25 Holzschnitt von Adolph Menzel
26 Kupferstich von D. Ringok
27 Ölgemälde von Canaletto, akg-images/Erich Lessing
28 Kupferstich von Daniel Berger nach einem Gemälde von J. D. Schubert

29 Kupferstich von P. Haas
30 Holzschnitt von Adolph Menzel
31 Gemälde von Lewitzky
32 Bleistiftzeichnung von Adolph Menzel
33 Holzschnitt von Adolph Menzel
34 Ausschnitt aus einem Gemälde von Edward Francis Cunningham
35 Zeichnung von Adolph Menzel nach einer Büste von
   Jean-Antoine Houdon
36 Gemälde von Anton Graff
37 Bleistiftzeichnung von Adolph Menzel nach Pompeo Batoni
38 Pastell eines unbekannten Künstlers
39 Gouache von Carmontel (?)
40 Kupferstich von Daniel Chodowiecki
41 Kupferstich von J. F. Bock

Eine unterhaltsame Spurensuche

Klaviervirtuose, Komponist, Salonlöwe, Kultur-
manager, Musikschriftsteller, Dirigent und ide-
enreicher Anreger – Franz Liszt war der absolute
Star seines Jahrhunderts. Aus einfachsten Ver-
hältnissen stammend, führte ihn sein Weg quer
durch Europa, in die Welt der Aristokratie und
der intellektuellen Salons. Ab seinem 54. Lebensjahr lebte Liszt, der homme à femmes und Vater
dreier illegitimer Kinder, als Abbé und komponierte vor allem geistliche Werke.

Gerhard Tötschinger folgt der ungewöhnlichen
Lebensreise des Genies durch die Konzertsäle,
Salons und Residenzen Europas, in den Vatikan
in Rom, an die Höfe Kaiser Franz Josephs in
Wien und Queen Victorias in London. Ein kurz-
weiliges und spannendes Künstlerporträt.

Gerhard Tötschinger
Franz Liszt – Vom Dorf in die Welt

114 Seiten mit Abb., ISBN 978-3-7844-3260-1
Auch als Hörbuch, gelesen von Gerhard Tötschinger:
2 CDs, ISBN 978-3-7844-4239-6, Langen*Müller* | **Hörbuch**

Langen*Müller*   www.langen-mueller-verlag.de